EUROPAVERLAG

DOROTA DANIELEWICZ

DER WEISSE GESANG

Die mutigen Frauen
der belarussischen Revolution

EUROPAVERLAG

© 2022 Europa Verlag,
ein Imprint der Europa Verlage GmbH, München
Umschlaggestaltung: Hauptmann & Kompanie Werbeagentur, Zürich,
unter Verwendung eines Fotos von
© picture alliance/dpa/TASS / Sergei Bobylev
Redaktion: Palma Müller-Scherf, Berlin
Layout und Satz: Robert Gigler, München
Gesetzt aus der Sabon
Druck und Bindung: Pustet, Regensburg

ISBN 978-3-95890-479-8
Alle Rechte vorbehalten.
www.europa-verlag.com

»Und während sie erschreckt aufwacht, noch ganz in ihren Träumen befangen, hört die Katze ungeduldig von der Treppe her ihre Befreiung herannahen und die Strafe für den anderen.«

Colette, *Sieben Tierdialoge*, Potsdam 1928, übersetzt von Emmi Hirschberg

INHALT

EINLEITUNG

Die Bilder von den Protesten in Belarus nach der Wahl 2020 gingen um die Welt. Obwohl die unabhängigen Wahlbeobachterinnen und Wahlbeobachter die Stimmen der Opposition gezählt haben – weiße Armbänder galten als ein Zeichen, dass man Aleksander Lukaschenko nicht wählt, außerdem wurden die Wahlzettel fotografiert und auf einer App gesammelt –, verließen die Wahlkommissionen die Lokale, wie Zeugen berichten, ohne die Ergebnisse auszuhängen. Im Nachhinein hieß es, Lukaschenko habe 80 Prozent der Stimmen bekommen. Dieses Wahlergebnis schien den meisten Belarussinnen und Belarussen aus dem Hut gezaubert. Schon in der Nacht vom 9. auf den 10. August 2020 gingen die Menschen in Massen auf die Straßen. Es waren spontane Proteste, die nicht koordiniert werden konnten, weil im ganzen Land das Internet ausgeschaltet worden war.

Vor der Wahl, beim Sammeln der Unterschriften für die Gegenkandidaten, erlebten die Belarussinnen und Belarussen für mehrere Monate den frischen Wind der Selbstbestimmung. Eine beispiellose Freiheitsbewegung ergriff das Land quer durch alle Gesellschaftsschichten. Organisationen und Vereinigungen wurden gegründet, junge Menschen lernten in der Praxis, was es heißt, Demokratie zu gestalten.

»Wir werden es nie mehr vergessen können«, sagte Volha Vialichka, eine meiner Gesprächspartnerinnen, die »Freude des freien Bürgers«, wie Hannah Arendt diesen Zustand nennt, das Erobern des politischen Raums durch Hunderttausende Belarussinnen und Belarussen, die sich auf ihre Macht als Bürgerinnen und Bürger besannen. In diesem Buch wird von dieser Stimmung und den unterschiedlichen Szenarien berichtet, von den studentischen Organisationen, den Aktionen auf den Demonstrationen, der Wahlbeobachtung, den politischen Initiativen und sozialen Projekten, wie zum Beispiel das Hospiz in Grodno.

Wolha Kawalkowa, eine Leitfigur der Opposition und enge Mitstreiterin von Swetlana Tichanowskaja, der Gegenkandidatin von Lukaschenko bei der Präsidentschaftswahl 2020, beschrieb die Situation so: »Die Menschen gingen mit den Protesten voraus, wir, die Führungsleute, gingen hinterher.«

Bei den friedlichen Protestaktionen für Demokratie und Rechtsstaatlichkeit befanden sich in vorderster Reihe viele, meist junge Frauen. Mutig sahen sie den sie einkreisenden Polizisten in die Gesichter, ließen sich nicht einschüchtern – auch nicht, nachdem zahlreiche von ihnen verhaftet, verhört, misshandelt und des Landes verwiesen worden waren. In *Der weiße Gesang* erzählen einige von ihnen ihre Geschichte. Ich habe sie in Warschau, Berlin und Vilnius getroffen. Sie ließen mich teilhaben sowohl an ihren Erinnerungen der Ereignisse vor und nach der Wahl 2020, an ihrem Aufbegehren, ihren Zielen, wie auch jetzt, an ihrem Leben im Exil.

Manche wurden ausgewiesen, andere flüchteten durch unwegsames Gelände über die grüne Grenze nach Litauen vor drohenden Strafen, wiederum andere wurden gewarnt und konnten entkommen, bevor sie inhaftiert wurden. Sie alle haben ihre Geschichten mit mir geteilt, denn das Erlebte will erzählt, will gesungen werden.

Der sogenannte weiße Gesang ist eine alte, volkstümliche Gesangstechnik der osteuropäischen Frauen, die es ermöglicht, auf besondere Weise den Gefühlen freien Lauf zu lassen. Die Lieder handeln von dramatischen Erlebnissen der Singenden. Die Stimme, die beim weißen Gesang erzeugt wird, kommt direkt aus dem Solarplexus und nutzt den Körper als Resonanzraum. Sie ist rein und wild – so wie die Geschichten der unerschrockenen, couragierten Belarussinnen, die in diesem Buch zu Wort kommen.

Der weiße Gesang erlebt eine Renaissance, vor allem in Polen und Litauen entstanden moderne Ensembles, die diese überlieferte Vokaltechnik neu beleben. In zahlreichen Workshops werden inzwischen Frauen unterrichtet, diese besondere Stimme, die auch als »ungeschminkte Stimme der Frau« bezeichnet wird, freizusetzen. Die hier versammelten Beiträge der belarussischen Aktivistinnen sollen klingen wie die wilden Stimmen des weißen Liedes. Sie sollen und müssen gehört werden – als Lehre, als Warnung und als Bekenntnis. Nicht zuletzt sind sie ein Ausdruck der Hoffnung in dieser bedrückenden, ungewissen Zeit des Kampfes der Diktatur gegen die Demokratie.

»Es ist offensichtlich, dass das Schicksal von Belarus von der russischen Politik abhängt. Und alles, was in den Nachbarstaaten Russlands stattfindet, ist jetzt von Belang. Was noch vor einem Jahr stabil erschien, wackelt nun: die Ukraine, Georgien, Kasachstan, die geopolitische Lage verändert sich gerade dramatisch. Belarus darf man also nicht nur im Kontext der Diktatur betrachten, sondern man muss die politisch-wirtschaftliche Abhängigkeit von Russland sehen. (…) Wir durchlaufen einen schlimmen und schwierigen Prozess, aber dieser Weg ist besser als der Status quo.« Weise Worte der oppositionellen Politikerin Wolha Kawalkowa, die noch vor Ausbruch des russischen Angriffskrieges auf die Ukraine die Entwicklung in ihrem Heimatland voraussah. Sie warnte eindrücklich vor den imperialen Plänen Russlands und hatte große Sorge, dass im Westen Europas die Politik Putins falsch eingeschätzt würde. Die gegenwärtige Entwicklung gibt ihr recht.

Die Opposition in Belarus wird mit drakonischen Maßnahmen verfolgt, freie Medien wurden als »extremistisch« eingestuft und verboten, für jede Handlung, die als gegen die Staatsgewalt gerichtet interpretiert wird, drohen harte Gefängnisstrafen.

An die tausend politische Gefangene sitzen in Haft und in Arbeitslagern, unter ihnen auch Maria Kalesnikava, Mitstreiterin von Swetlana Tichanowskaja, die vom belarussischen KGB an die Grenze gebracht wurde, wo sie in einer mutigen Geste ihren Pass zerriss, um nicht ausgewiesen werden zu können. Sie blieb in Belarus und bekam elf Jahre Arbeitslager. Maria Kalesnikava ist im Süden des Landes, in der Nähe von Gomel, inhaftiert. Von dort aus sind am 24. Februar 2022 die russischen Truppen in die Ukraine einmarschiert.

© Pavel Yakovchik

Wolha Kawalkowa (geb. 1984)

HEIMISCH KANN MAN SICH AN JEDEM ORT FÜHLEN

Ein Co-Working-Space in einem modernen, schicken Hochhaus im Zentrum von Warschau, ausgestattet mit langen Arbeitstischen, Sofas, einer Tee- und Kaffeebar und einem wunderbaren Blick auf die nächtliche Stadt. Ähnliche Einrichtungen gibt es in vielen Großstädten der Welt, Mitglieder dürfen sie überall nutzen. Hier treffe ich Wolha Kawalkowa. Sie sieht nicht aus, wie ich mir eine Politikerin der belarussischen Christdemokraten vorgestellt habe. In ihrem schwarzen Kapuzenoverall erweckt sie eher den Eindruck einer mondänen Warschauerin auf dem Weg in das Nachtleben der Stadt.

Wir ziehen uns in ein kleines Zimmer zurück, in dem wir ungestört reden können. Viel Zeit bleibt uns nicht: Es ist schon spät, und Wolha will ganz früh am nächsten Morgen nach Vilnius zu Swetlana Tichanowskaja reisen. Ich muss die knapp bemessene Zeit mit der viel beschäftigten Politikerin gut nutzen.

Aleksander Lukaschenko ist seit 26 Jahren an der Macht, Wolha ist 36 Jahre alt, den Großteil ihres Lebens hat sie also unter seiner Herrschaft verbracht. Ich frage sie, welche Erinnerungen sie an die sowjetische Zeit in Belarus hat.

»Ich war zwar noch ein Kind, aber ich erinnere mich an einiges. Außerdem ist es doch immer noch das gleiche System, die ehema-

13

lige UdSSR und das heutige Belarus, Lukaschenko hat das kommunistische System verlängert. Und auch Russland hat sich nicht grundlegend gewandelt, auch wenn in Europa viele annehmen, dass das heutige Russland etwas anders ist als die ehemalige UdSSR. Das stimmt einfach nicht. Im Wesentlichen geht es in Russlands Politik um die Aneignung von Territorien. Der Westen Europas müsste spätestens jetzt, wo Putin mit seinen Truppen in die Ukraine einmaschiert ist, Russland anders wahrnehmen. Putin ist eine Gefahr für die ganze Welt, Russland ist ein imperiales Land, das darf man nicht verdrängen. Es geht immer um territoriale Eroberungen und Einflussnahme.«

Interesse an Politik hat Wolha schon früh in der Schule gezeigt.

»Ich komme aus einer Familie, die Lukaschenko und sein System nicht unterstützt hat. Mein Vater hat nie ein Hehl aus seiner Ablehnung Lukaschenkos gemacht, schon als kleines Kind habe ich Familienstreitigkeiten zu diesem Thema erlebt. Bestimmt haben mich diese Gespräche beeinflusst, auch wenn ich noch sehr klein war, Kinder nehmen unbewusst sehr vieles auf. Meine Mutter war zwar auch keine Lukaschenko-Anhängerin, sie hat sich jedoch nicht so oft wie mein Vater kritisch geäußert. In den Gesprächen zu Hause ging es meist um Gerechtigkeit, und vielleicht bin ich deshalb eine Idealistin geworden. Ich kann mich erinnern, dass wir in der Schule gefragt wurden, wie wir uns unsere Zukunft vorstellen, und ich habe geantwortet, dass ich Präsidentin werden möchte. Damals war ich zwölf Jahre alt. Interessant, dass ein belarussisches Kind solche Ideen hat.

Meine Schulfreunde haben nicht vergessen, wie engagiert ich war. Heute sagen sie, dass sie damals vieles nicht wahrgenommen haben, dass sie ihre Augen geschlossen hielten, aber gleichzeitig haben sie mich als eine Person gesehen, die politisch immer wach war. ›Du hast uns immer gesagt, dass wir aufmerksam sein sollen, und wir haben es nicht verstanden, erst 2020 haben wir begriffen, was du gemeint hast‹, sagen sie nun zu mir.

Es ist bitter, die Wirklichkeit zu analysieren und zu wissen, wie es eigentlich in der Welt zugehen sollte, gleichzeitig scheint es so, dass viele Menschen keine Veränderungen wollen. Aber ich wollte so nicht leben.«

Wolha bezieht sich damit auf die Lebensbedingungen im Land, dass das belarussische Volk keinen Einfluss auf die sogenannten Volksvertreter im Parlament hat, dass die Meinungsfreiheit stark eingeschränkt ist und unzählige politische Gefangene in Haftanstalten und Lagern sitzen.

»Als nach der gefälschten Wahl die Massenproteste in Belarus begannen, war klar – da es keine Oppositionskandidaten gab –, dass wir, die Personen, die Swetlana Tichanowskaja unterstützt haben, und der Stab von Viktor Barbariko etwas unternehmen mussten. So ist der Koordinierungsrat entstanden. Es war eine neue Form des Zusammenwirkens, bislang hatte es keine vergleichbare Organisation gegeben, die Menschen mit unterschiedlichen Meinungen auf einer demokratischen Plattform zusammenbrachte. Wir erfuhren, wie die Belarussen auf unsere Initiative reagiert haben, nämlich euphorisch, ausgenommen natürlich der Staatsapparat, der uns schon einen Tag nach der Gründung mit einer Klage bedrohte. Drei Wochen lang haben wir uns getroffen und ausgetauscht. Am 23. August 2020 habe ich allerdings zum letzten Mal an einer Protestaktion mit den Führungspersonen des Koordinierungsrates teilgenommen.«

Der Koordinierungsrat wurde von der Gewinnerin der Wahl, Swetlana Tichanowskaja, initiiert, die ihre persönliche Vertreterin Wolha Kawalkowa und den Anwalt Maxim Snak mit der Wahl der Mitglieder des Rates beauftragt hat.

Direkt nach Gründung des Rates, der die friedliche Machtübergabe vorbereiten sollte, begannen die staatlichen Behörden gegen alle Mitglieder zu ermitteln. Die Forderungen des Rates lauteten: »Einstellung der politischen Verfolgung von Bürgern durch die Behörden, Eröffnung von Strafverfahren gegen die Verantwortlichen und Bestrafung der für schuldig Befundenen. Freilassung aller politisch Gefangenen, Aufhebung der rechtswidrigen Gerichtsurteile, Kompensationszahlungen an alle, denen Unrecht widerfahren ist. Annullierung der Wahlen vom 9. August. Durchführung von Neuwahlen nach internationalen Standards und mit neu besetzten Wahlgremien einschließlich der zentralen Wahlkommission.«

Es war eine beispiellose Initiative von zivilem Ungehorsam gegenüber der Diktatur mit mehr als 50 Mitgliedern und einem siebenköpfigen Präsidium, dazu zählten: Wolha Kawalkowa, Veronika Zepkalo, Maria Kalesnikava, Swetlana Alexijewitsch, Pawel Latuschka, Sharhej Delauskij, Lilia Ulassawa. Die Gruppe hat sehr darauf geachtet, dass die Proteste nicht aus der Bahn gerieten und Eskalationen verhindert wurden.

»Es gab diesen Moment, als nach der gefälschten Wahl sehr viele Protestierende verhaftet wurden. Auf Telegram wurden Aufrufe verbreitet, dass man sich vor dem Gefängnis in Brest versammeln sollte, um die Gefangenen zu befreien. Auch in Minsk gab es ähnliche Aufrufe, nachdem eine Aktion in Brest tatsächlich gelungen war. Alle sollten sich abends um 21 Uhr vor dem Akrestina-Gefängnis versammeln, um ebenfalls eine Befreiung zu erwirken. Aber Minsk ist keine Provinz wie Brest, dort funktioniert das System anders.

Wir waren im Büro des Koordinierungsrates, als uns Freiwillige anriefen, die vor dem Akrestina-Gefängnis Wache hielten. Sie verlangten Unterstützung, denn sehr viele Leute hatten sich vor den Toren des Gefängnisses versammelt, und man sah die Gefahr förmlich aufziehen. Ich habe dann mit Maria Kalesnikava besprochen, dass ich da hinfahre. Auf der Straße waren Tausende Menschen, es gab Provokationen, Rufe wie ›Es wird Blut fließen‹, ›Lasst uns Akrestina stürmen!‹ Ich erinnerte mich an ähnliche Provokationen 2010 – solche Ausschreitungen sind immer fatal, sie provozieren Restriktionen, fordern Opfer und bringen trotzdem keine Verbesserungen.

Es war schon dunkel, 22 Uhr, die Menge zeigte deutlich ihre Wut vor einem wichtigen staatlichen Gebäude. Würde die Situation außer Kontrolle geraten, gäbe es schlimme Kämpfe. Das war mir klar. Keiner durfte jetzt mit Steinen werfen oder auf das Tor losstürmen. Ich habe ein Megafon in die Hand genommen und zu den Leuten gesagt: ›Es ist schon spät, lasst uns nach Hause gehen und morgen früh wiederkommen, dann demonstrieren wir gemeinsam für die Befreiung der Gefangenen, das ist weniger gefährlich.‹

Die Stimmung war aufgeladen. Zorn, Trotz und Angst lagen in der Luft. Ich habe gespürt, dass die Leute darauf warteten, einer der Hauptakteure des Koordinierungsrates würde nun Verantwortung übernehmen und ein Signal geben, was zu tun sei.

Die Menschen diskutierten und gingen langsam auseinander. Ich bewegte mich in die Richtung, wo immer noch Tausende zusammenstanden. Dort wurde ich beschimpft: ›Wer bist du überhaupt, um uns zu sagen, was wir tun sollen?‹

Ich entgegnete, dass, wenn wir jetzt nicht aufpassten, die Situation außer Kontrolle geraten und die Folgen sich ernsthaft auf das Leben der hier Versammelten auswirken würden. Ich wiederholte meinen Vorschlag, am nächsten Tag wieder und weiter zu demonstrieren. Tatsächlich haben die Leute auf mich gehört und sind auseinandergegangen.

Als ich dann zu meinem Auto lief und darüber nachdachte, welche Aufgabe ich gerade erledigt hatte, wurde ich fast ohnmächtig. Erst da ist mir bewusst geworden, was hätte geschehen können, und dass ich die Verantwortung auf mich genommen hatte, etwas Schreckliches abzuwenden. Niemand hatte mich beraten, ich war mit dieser Entscheidung allein gewesen, ich hatte wie in einem Augenblick großer persönlicher Gefahr gespürt, dass die Menschen, die sich vor dem Gefängnis versammelt hatten, von massiver Gewalt bedroht gewesen waren.

Als ich einige Tage später selbst in einer Zelle im Akrestina-Gefängnis saß, kam der Direktor der Anstalt zu mir. Er gab zu, dass Polizisten auf die Menge geschossen hätten, wäre sie nicht von mir zerstreut worden. Ich wusste, dass ich das Richtige tat, unabhängig von der Bestätigung des Direktors, dass die staatlichen Ordnungsdienste zur Gewaltausübung bereit gewesen waren.

Wäre es zu einer Eskalation zwischen Demonstrierenden und Ordnungskräften gekommen, hätten uns kasachische Verhältnisse erwartet, und wir hätten nicht russische OMON-Kräfte im Land, sondern das russische Militär. Der Traum von einer Demokratie wäre in der harten Realität der postsowjetischen Gewalt für immer ausgeträumt gewesen. Auch eine Unterstützung von unseren europäischen Partnern hätte anders ausgesehen – was hätten sie getan angesichts einer russischen Intervention in Belarus? Die politischen Folgen einer Zuspitzung zwischen Protestierenden und dem Staatsapparat lassen sich nicht pauschal vorhersagen, aber ich fürchte, dass sie unumkehrbar gewesen wären.

Wir, die Hauptakteure, müssen die Entscheidungen treffen bezüglich der Form der Proteste, zu denen man Menschen auffordern darf. In unserer Christlich-Demokratischen Partei hatten wir 2021 eine heftige Diskussion darüber, ob man Bürgerinnen und Bürger dazu bewegen soll, wieder auf die Straßen zu gehen. Und wir haben beschlossen, sie nicht dazu zu ermutigen.

Die Anführer und Anführerinnen müssen die Verantwortung für die Menschen übernehmen, wir müssen in der Lage sein, die Stimmung im Land zu beurteilen. Wenn das Volk unter starkem Druck steht und voller Angst ist, können wir nicht zu Straßenaktionen aufrufen. Unser Zögern ist ein Zeichen von Verantwortung und nicht von Angst vor dem Staatsapparat.

Wir sind doch für die Menschen und deren Leben verantwortlich. Wenn ein Mensch bereit ist, das Risiko zu tragen und die Verantwortung auf sich zu nehmen, dann darf er protestieren. Wir, die Organisatoren der Proteste, müssen unsere Sicht der Dinge verbreiten, die Situation analysieren und über die sozialen Medien unsere Einschätzung mitteilen, sodass die Menschen sich eine eigene Meinung bilden und selbst Entscheidungen treffen können – für oder gegen die Proteste.

Das Spannende am Jahr 2020 war, dass es keine Strategien gab, keine Anweisungen. Niemand hat die Menschen bei den Protesten angeführt, sie sind alle von sich aus zu den Demonstrationen gegangen. Die einzige Prämisse war die Selbstverantwortung der Menschen. Wenn jemand nicht Lukaschenko gewählt hat und mitbekam, wie viele andere noch für Tichanowskaja gestimmt haben, aber dann mit den gefälschten Wahlergebnissen konfrontiert wurde, konnte er selbst entscheiden, was zu tun war. Er wusste, was man ihm als Wahrheit verkaufen wollte und dass er angelogen wurde. Am nächsten Tag ist dieser Mensch auf die Straße gegangen, um für seine eigene politische Meinung einzustehen, um zu zeigen, dass ihm seine Stimme gestohlen wurde.

Das Hauptthema im August 2020 war die Entmündigung der Wähler und Wählerinnen, sie wurden für dumm verkauft. Das Internet wurde abgeschaltet, die Menschen konnten sich nicht digital verabreden, deshalb ist jeder von sich aus auf die Straße gegangen. Es ging eindeutig um Selbstbestimmung. Die Massen sind auf die Straßen gegangen, und wir, die Anführer und Anführerinnen, sind ihnen gefolgt.«

Wolha kennt persönlich an die einhundert Menschen, die aktuell inhaftiert sind. Anfang 2022 wurden in Belarus 960 politische Häftlinge von Menschenrechtsorganisationen registriert.

»Am 21. August haben wir Siarhej Delauskij, ein Mitglied des Koordinierungsrats und Ingenieur bei Minski Traktorny Sawod, einer Traktorenfabrik, wo gerade gestreikt wurde, begleitet. Wir wollten die Streikenden unterstützen. Vor den Toren der Fabrik haben OMON-Polizisten bereits auf uns gewartet, anscheinend wussten sie, dass wir kommen würden. Ein Gefangenentransporter parkte in unserer Nähe, und die OMON-Männer meinten, dass sie uns jetzt mitnehmen würden. Ich habe protestiert und angedroht, gegen unsere Festnahme juristisch vorzugehen – ich habe es ihnen nicht einfach gemacht, ich kenne meine Rechte. Trotzdem wurden wir gezwungen, in den Gefangenentransporter zu steigen, dann wurden wir zu einem KGB-Bezirksbüro gebracht. Auf dem Weg habe ich versucht, meinen Anwalt zu erreichen. Während ich telefonierte, hat mir ein OMON-Polizist das Handy aus der Hand geschlagen, es flog zu Boden, und danach konnte ich niemanden mehr anrufen, auch meine Eltern konnte ich nicht über meinen Verbleib benachrichtigen.

Alles, was ich bei mir hatte, wurde konfisziert, meine Fingerabdrücke wurden abgenommen. Ich durfte mir danach sogar die Hände waschen. Wir haben dort sehr lange sitzen müssen, wahrscheinlich, weil die Beamten in der Zeit die Unterlagen für die Anklage vorbereitet haben. Merkwürdig fand ich, dass die OMON-Polizisten auf mich aufgepasst haben, das ist eigentlich nicht ihre Aufgabe. Sie machen ihre Arbeit auf der Straße, dazu gehört, einen auf die Polizeiwache zum Verhör zu bringen und dann wieder zu gehen. Dass sie so lange bei mir geblieben sind, war seltsam und unverständlich.

Ich habe mich selbstbewusst, jedoch nicht aggressiv verhalten. Im Gegenteil, ich war neugierig, mit wem ich es zu tun hatte. Also habe ich mit ihnen eine Unterhaltung angefangen. Nach einer Weile habe ich allerdings bemerkt, dass sie nicht mehr mitkamen, sie haben mit anderen getauscht. Anscheinend hatte ich sie unter den Tisch geredet. Einer normalen Unterhaltung mit einer politisch Andersdenkenden waren sie nicht gewachsen. Für sie folgt alles einem bestimmten Muster, und wenn du nicht in dieses Muster passt, wenn du es sprengst – sprengst du die Welt der Staatsdiener. Sie sollten mich als dumm, gefährlich, verantwortungslos wahrnehmen, doch ich bin ihnen anders entgegengetreten, ich habe sie nicht als Feinde, sondern als Bürger angesprochen. Man konnte regelrecht dabei zusehen, wie es bei ihnen im Kopf ratterte, dass die Situation sie herausforderte. Das war gut und wichtig, denn so wurde ihnen klar, dass wir keine Feinde sind, dass wir alle gleich sind.

Statt eines Konflikts suchte ich den Dialog mit ihnen. Ich konnte sehen, wie sich etwas bei ihnen veränderte. Man hat mir sogar etwas zu essen gebracht, einen Apfel. Eine junge Frau, vielleicht eine Sekretärin, hat mir Wasser gereicht, sie kam immer wieder zu mir, und ich sah ihr an, dass sie die OMON-Männer nicht leiden konnte. Sie hatte ihre dienstlichen Aufgaben zu erfüllen, aber an ihrem Verhalten konnte ich erkennen, dass sie insgeheim auf der Seite der Protestierenden stand. Das war tröstlich, dass es auch innerhalb des Staatsapparats Menschen gibt, die nicht mit der Macht konform gehen. Wir wissen nicht, welchen Einfluss sie nehmen können, auch ist ihre Anzahl unbekannt, aber es gibt sie.

Während ich auf der Wache saß, habe ich ein Gespräch mit angehört, das hinter der Wand geführt wurde. Der Beamte sagte zu jemandem am Telefon, dass man mich nach Paragraf 216 verurteilen wolle, also für die Organisation einer verbotenen Versammlung. Sein Gesprächspartner muss ihm aber entgegnet haben, dass das nicht ausreiche und mir ein weiteres Vergehen angehängt werden solle, zum Beispiel Widerstand gegen Polizeibeamte. Der Beamte antwortete nämlich: ›Nein, sie hat keinen Widerstand geleistet.‹ Sein Gegenüber schien aber Druck zu machen, dass man mir auch dieses Vergehen unbedingt in die Akte schreiben sollte.

Dabei gibt es einen Beweis, ein Foto, auf dem zu sehen ist, wie ich widerstandslos in den Gefangenentransporter steige. Aber irgendein Vorgesetzter wollte wohl mehr Anklagepunkte gegen mich.

Gegen Abend hat man mich zu einem Polizeitransporter mit vergitterten Fenstern geführt. Wir sind zum Gefängnis Akrestina gefahren, und ich wusste, dass ich nach außen ein Zeichen geben musste, dass ich in diesem Wagen saß. Inzwischen wussten alle Journalisten, dass ich verhaftet worden war. Außerdem wurden an diesem Tag keine anderen Personen von der Polizeiwache in meinem Bezirk zum Akrestina-Gefängnis transportiert. Es konnten sich also alle denken, dass ich in diesem Wagen saß. Ich habe den Vorhang am Fenster ein Stück zur Seite geschoben und meine Hand gegen das Gitter gedrückt. Freunde von mir fuhren neben dem Polizeiwagen her, und auch meine Eltern waren in einem anderen Auto in der Nähe. Intuitiv müssen meine Familie und meine Freunde gespürt haben, dass ich in dem Transporter sitze, sie haben das mitbekommen.«

Wolha versagt die Stimme, sie setzt ihre Brille ab, und Tränen fließen ihr über das Gesicht. Ich versuche mir diese Fahrt vorzustellen, ihre Hand am Fenstergitter, ein stummes Zeichen des Abschieds an ihre Freunde und ihre Familie.

»Weißt du, das war der letzte Kontakt mit meinen Eltern, ich habe sie seitdem nicht wiedergesehen … Es überwältigt mich gerade, dieses Gefühl von Verlust. Es ist so schwer, davon zu erzählen … Anderthalb Jahre haben wir uns nicht gesehen.«

Nach einer Pause setzen wir das Interview fort. Wolha bemüht sich, sachlich zu bleiben, aber ich weiß nun, welche Spuren die Erlebnisse vom August 2020 bei ihr hinterlassen haben. Sie spricht über Akrestina, das berühmt-berüchtigte Gefängnis von Minsk, vor dem sie wenige Tage vor ihrer Verhaftung einen Aufstand verhindert hatte. Nun wurde sie selbst dort eingesperrt, zunächst für zehn Tage.

»Ich war allein in der Zelle. Sie war dreckig, zugemüllt, auf dem Boden lagen lauter Dinge, Plastikflaschen, gebrauchte Taschentücher, Zeugs. Ein Albtraum war das. Ich habe um einen Besen gebeten, in diesem Dreck wollte ich nicht sitzen. Ich bekam einen Besen, ich durfte kehren, und danach wurde mir sogar Tee angeboten. Ich hatte auch eine Matratze, ein Kissen und eine Decke, alles nicht besonders sauber, aber immerhin. Am Abend bin ich einfach umgefallen, so müde war ich. Überhaupt habe ich die meiste Zeit dort schlafend verbracht, wahrscheinlich hat mein Körper diese Strategie gewählt, um dem Druck standzuhalten.«

Ich bin überrascht, dass Wolha ihre Matratze tagsüber behalten durfte. Andere ehemals inhaftierte Frauen erzählten mir, dass ihnen die Matratzen um 22 Uhr ausgehändigt wurden und sie diese um 6 Uhr morgens wieder abgeben mussten.

»Ich glaube, im August 2020 war man sich nicht sicher, wer den Kampf um die Führung des Landes tatsächlich gewinnt. Man hat mich einigermaßen gut behandelt, weil ich eine politisch wichtige Person war. Niemand wusste, was die folgenden Wochen bringen würden. Auf der Straße gingen die OMON-Polizisten aggressiv vor, doch in den Zellen war es damals noch nicht so schlimm, vor allem nicht gegenüber den politischen Anführern. Im September wurde es aber schon unangenehmer. Mein Prozess fand digital statt, über Skype. Ich wurde zu zehn Tagen Haft verurteilt, das war nicht viel. Fünf Tage für das eine Vergehen und weitere fünf Tage für das angeblich andere Vergehen. Ein Tag nach dem Urteil wurde ich in das Gefängnis Schodino gebracht, es liegt ungefähr 60 Kilometer außerhalb von Minsk. Die Fahrt dorthin im Avto-Zak, einem Gefangenentransporter, war sehr unbequem. In der Kammer, in die man eingesperrt wird, kann man sich kaum setzen oder bewegen, so eng ist es. In dem Fahrzeug gibt es nur oben ein kleines vergittertes Fenster, man bekommt kaum Luft. Es war eine schlimme Fahrt, ich litt unter klaustrophobischen Zuständen.

In Schodino war ich auch wieder allein in einer Zelle. In den nächsten Tagen gab es neue Protestaktionen und Verhaftungen, sodass viele Männer ins Gefängnis gebracht wurden, Frauen wurden damals noch nicht verfolgt. Für mich war interessant, wie unterschiedlich die Gefangenen behandelt wurden, nämlich abhängig von ihrem Status. Ich bin eine bekannte Person, mir wurde keine physische Gewalt angetan – damit war ich fast eine Ausnahme.

Nur ein paar Tage später wurde es in Schodino unerträglich, die Zellen waren überfüllt, die Inhaftierten wurden geschlagen, sogar gefoltert. Viele von ihnen werden ein Trauma davontragen und noch lange nach ihrer Freilassung darunter leiden. Aber oft ist es so, dass man sich mit den traumatischen Erfahrungen nicht beschäftigen will, das führt jedoch mit der Zeit zu schweren psychischen Problemen.

Es gibt unterschiedliche Arten von Gewalt, auch psychische Gewalt kann sehr grausam sein: Wenn du weißt, dass du unschuldig bist, man dich erniedrigt, du nicht mal ein Stück Papier oder eine Binde bekommst, das Licht nachts nicht ausgeschaltet wird und du nicht schlafen kannst – du fühlst dich so machtlos. Bei mir hat man zunächst auch das Licht angelassen, aber ich habe vehement dagegen protestiert. Ich habe immer wieder gegen die Tür gehämmert und verlangt, dass das Licht ausgeschaltet wird. Erst haben sie behauptet, die Schaltung wäre kaputt. Aber ich habe nicht nachgelassen, alle 20 Minuten bin ich aufgestanden und habe Lärm an der Tür gemacht, bis es in der Zelle schließlich doch dunkel wurde. Man darf nicht aufgeben und keine Schwäche zeigen.«

Eine ähnliche Sicht auf die Dinge hat Inna Trusava, die Therapeutin, die ich ebenfalls interviewt habe. Bloß keine Schwäche zeigen. Aber kann das wirklich jeder? Braucht es dafür nicht eine kämpferische Natur?

Die Tage im Gefängnis sind lang, wenn man allein in der Zelle sitzt. Ich frage Wolha, wie sie sich die Zeit vertrieben hat.

»Ich hatte ein Buch von einer Freundin dabei, aber das war die denkbar schlechteste Lektüre, wenn man eingesperrt ist. Es ging um Psychologie, in einer solchen Situation ist es jedoch nicht möglich, Innenschau zu halten und sich auf intellektuelle Inhalte zu konzentrieren.

Ich konnte das Buch nicht lesen, mir fehlte dafür die Kraft. Im Gefängnis braucht man oberflächliche Romane mit einer spannenden Handlung, die einen ablenken. Wie gesagt, ich habe viel geschlafen. Ich bin auch hin und her gelaufen und habe die Schritte gezählt, immer dreitausend, um in Form zu bleiben.

Es war schrecklich, weil ich wusste, dass draußen gerade viel passiert, und ich wollte dabei sein, meinen Beitrag leisten. Diese zehn Tage, zusammen mit dem Arrest waren es zwölf, waren zwar eine kurze Zeitspanne, aber mir kam es vor wie ein Jahr. Es war schrecklich, von den Mitstreitern getrennt zu sein.«

Einen Tag vor ihrer Freilassung wurde Wolha in ein Büro gebracht, wo ein Staatsanwalt und ihr Anwalt auf sie warteten. Der Besuch war überraschend. Sie sollte verhört werden.

»Ich habe mich sogar gefreut, weil ich tagelang keinen Menschen mehr gesehen und gesprochen hatte, selbst ein Verhör zu meiner politischen Aktivität war da eine Abwechslung für mich. Endlich mit jemandem reden, dachte ich. Drei Stunden haben wir geredet, und am Ende habe ich gesagt, ›was für ein Zeitverlust, Sie sind so weit rausgefahren, um mit mir zu sprechen, dabei bin ich morgen frei und hätte zu Ihnen kommen können, Sie hätten nicht extra nach Schodino fahren müssen‹. Am Abend dieses Tages wurde ich in ein Fahrzeug gesteckt und für die letzte Nacht nach Minsk in das Akrestina-Gefängnis gebracht.«

Das ist üblich bei politischen Gefangenen, niemand soll wissen, wo sie entlassen werden, damit ihre Familien und Freunde oder auch Journalisten sie nicht vor den Toren der Haftanstalt empfangen können. Manchmal wird jemand auch irgendwo in der Stadt freigelassen, meist ohne Geld und Telefon, sodass er niemanden benachrichtigen kann und schauen muss, wie er nach Hause kommt. Manche bitten dann eine fremde Person, deren Telefon benutzen zu dürfen.

»Auf der Fahrt zum Akrestina-Gefängnis bekam ich meine Tasche zurück, ich habe sofort gesehen, dass mein Handy fehlte. Man wollte mir dazu nichts sagen. Also war ich ohne Telefon. Im Akrestina war ich nicht mehr allein in der Zelle. Es war direkt nach den Protesten der Studierenden in Minsk, und es wurden nun auch mehr Frauen ins Gefängnis gebracht. Wir waren zu sechst, fünf Studentinnen und ich. Ich muss sagen, es war ein schöner Abend. Ich habe gesehen, dass eine neue Generation herangereift ist, die auf keinen Fall die alte Ordnung unterstützen wird. Dieses Zusammentreffen mit den jungen Frauen war sehr wichtig für mich, weil wir, die politischen Anführerinnen und Anführer, keine Umfrageergebnisse über die Stimmungen in der Gesellschaft besaßen. Wir konnten nur Vermutungen anstellen.

Eine der jungen Frauen war zuckerkrank, sie brauchte Insulin. Das war bekannt, und trotzdem wurde sie für 24 Stunden in Arrest genommen. Ihr ging es schlecht, sie hätte dringend ihr Medikament gebraucht, aber man hat ihr nicht geholfen.

Aus den Gesprächen mit den Studentinnen über die aktuelle Situation draußen habe ich geschlossen, dass ich vielleicht doch nicht so schnell freikomme, wie es mir zugesagt worden war, denn die Repressionen gegenüber den Protestierenden hatten zugenommen, und ich gehörte zu den Führungspersönlichkeiten.

Die Studentinnen waren sehr herzlich, sie meinten, wenn sie wieder draußen wären, würden sie auf ihre Plakate für die Demos schreiben: ›Wir haben mit Kawalkowa gesessen‹. Nicht dieser Spruch war für mich wichtig, sondern die Tatsache, dass sie, die gerade inhaftiert waren, noch in der Zelle ihre nächsten Proteste planten.

Wir gingen davon aus, dass ich am nächsten Tag entlassen werden würde, und haben überlegt, wie ich ihre Familien über ihren Verbleib informieren könnte. Das Problem war, wir hatten keinen Stift, nichts, womit wir etwas hätten notieren können. Schließlich kamen wir auf die Idee, mit Bonbons die Telefonnummern aufzuschreiben.«

Um ein Uhr nachts wurde Wolha geweckt und aus der Zelle geführt. Auch dies eine Taktik, um Gefangene zu verunsichern.

»Von einem Staatsanwalt wurde mir mitgeteilt, dass ich länger inhaftiert bleiben würde. Was für ein Blödsinn, mich deshalb mitten in der Nacht zu wecken! Das waren doch auch für den Staatsanwalt unmögliche Arbeitszeiten. Ich verstehe bis heute nicht, warum mir mitten in der Nacht diese Nachricht überbracht werden musste. Vielleicht, um mich zu ärgern. Das war ihnen jedenfalls gelungen, denn ich konnte danach nicht wieder einschlafen.

Am nächsten Mittag gab es eine erneute Verhandlung. Ich habe immerzu wiederholt, dass mir gegenüber das Recht gebrochen wurde, dass es keinen gesetzlich geregelten Grund gibt, mich festzuhalten. Als Juristin hatte ich auch die richtigen Argumente, aber meine Expertise hat keinen interessiert. Das Ganze zog sich über Stunden – vielleicht, weil es keine Dokumente gab und auch keinen Paragrafen, der auf meinen Fall hätte angewendet werden können. Den Behörden war das egal, sie wollten mich einfach länger in Haft halten. Ich wurde zu weiteren 15 Tagen Haft verurteilt und blieb also länger in Akrestina, ganz so, wie ich es vorausgesehen hatte.«

Wolha Kawalkowa litt unter ernsthaften gesundheitlichen Problemen. Aufgrund ihrer Haftstrafe konnte sie dringliche ärztliche Termine nicht wahrnehmen. Während der Gerichtsverhandlung litt sie unter Krämpfen und verlangte nach einem Arzt. Doch statt für sie einen Arzt zu rufen, wurden ihr Schmerzmittel verabreicht.

»Während der Verhandlung konnte ich mich kaum gerade halten, ich krümmte mich vor Schmerzen. Mir war bewusst, dass mir nichts passieren durfte. Als Politikerin analysierte ich die Situation, und mir war klar, dass es draußen sehr schlecht aufgenommen werden würde, sollte mir etwas zustoßen. Die Menschen wären noch mehr aufgebracht, wenn sie erfahren würden, dass einer ihrer Anführerinnen im Gefängnis etwas zugestoßen wäre.

Während der Haft habe ich mich sehr selbstbewusst verhalten und immer protestiert, wenn gegen meine Rechte verstoßen wurde. Einmal hat man mit mir ein Gespräch geführt, bei dem angedeutet wurde, dass ich nicht so schnell freikäme. Man hat also überlegt, was man mir noch anhängen könnte, obwohl es keine nicht bereits sanktionierten Vergehen meinerseits gab.

Meinen Anwalt hatte ich gebeten, Kontakt zu meinen Eltern aufzunehmen. Sie schickten mir dann Kleidung, Essen, Buntstifte und Bilder zum Ausmalen. Das war genau das Richtige! Bilder ausmalen, das hat mich beruhigt. 2017 war ich schon einmal für eine

Woche inhaftiert gewesen, und damals habe ich gelernt, dass Bilderausmalen die beste Beschäftigung ist, wenn man im Gefängnis sitzt. Auch einen Roman bekam ich. In der Zelle lag eine Bibel, die habe ich gelesen. Morgens und abends habe ich gebetet. In diesem Zusammenhang kann ich auch von einer ungewöhnlichen Geschichte berichten.

Ich saß mit gefalteten Händen da, als ein Wärter in die Zelle kam und mich fragte, ob ich bete. Ich bejahte. Er hatte mich über die Kamera beobachtet. Es stellte sich heraus, dass auch er in die Kirche ging, und er wollte sich mit mir unterhalten. Ihm schien es in diesem Moment egal zu sein, dass ich eine Gefangene war, er suchte einfach nur das Gespräch. Am Ende sagte er, dass ich seinen Besuch bei mir nicht verraten sollte. Wem hätte ich davon erzählen können, was für ein Quatsch, dachte ich, aber es war gut gewesen, sich mit ihm zu unterhalten.«

Wir kommen noch mal auf Wolhas Glauben zurück. Eine wichtige Erfahrung hat sie in einem Kloster gemacht, in dem sie ein paar Monate verbrachte. Im Christentum findet sie die seelische Unterstützung, die ihr den Trost und die Kraft gibt für die schweren Momente des Lebens.

»Am Tag meiner Entlassung sollte ich meine Sachen zusammenpacken, dann wurde ich zu einem Auto geführt. Dieses Mal war es ein normaler Wagen. Ich musste mich jedoch auf den Boden legen, damit ich bloß nicht am Fenster zu sehen war. Nachdem wir die Stadt hinter uns gelassen hatten, durfte ich mich normal hinsetzen. Erst da wusste ich, in welche Richtung wir fuhren, nämlich nach Grodno, zur polnischen Grenze. Ich sollte also nicht nach Hause zurückkehren.

Unterwegs habe ich mich mit den Männern im Auto unterhalten, mich hat interessiert, wer sie sind, wie man mit ihnen in Kontakt kommt. Große Teile der Bevölkerung stehen bei den Ereignissen auf der Seite des Staates, und wir müssen versuchen, auch sie zu erreichen. Eine Teilung der Gesellschaft bringt niemandem etwas.

Natürlich haben sie versucht, mich emotional unter Druck zu setzen. Sie sprachen von ›unserer Schuld‹ an der Destabilisierung des Landes, an den Streiks in den Betrieben. Ich habe ihnen erwidert, dass sie sich auch selbst informieren können, dass sie im Internet die Fakten überprüfen sollen. Es würde nicht reichen, dem staatlichen Fernsehen zu glauben.

An der Grenze habe ich meinen Pass bekommen und eine Bescheinigung, dass ich nicht an Covid-19 erkrankt bin. Natürlich wurden bei mir keine Tests durchgeführt, es ging nur darum, dass mich die polnischen Grenzer durchließen.«

Wäre Wolha Kawalkowa in Belarus geblieben, hätte sie zusammen mit einer anderen prominenten Oppositionsführerin, mit Maria Kalesnikava, eine jahrelange Haftstrafe absitzen müssen. Alle Mitstreiter und Mitstreiterinnen aus dem Koordinationsrat haben lange Haftstrafen bekommen. Wie Wolha mir eingestand, plagten sie eine Zeit lang Gewissensbisse, als sie von Maria Kalesnikavas mutiger Geste erfuhr, die in einer ähnlichen Situation ihren Pass zerriss und sich nicht hatte abschieben lassen. Letztendlich tröstete sich Wolha mit dem Gedanken, dass sie in Freiheit der Sache nützlicher sein konnte, als wenn sie mit anderen Oppositionellen im Gefängnis gelandet wäre.

»Als ich an der Grenze rausgelassen wurde, habe ich mich bemüht, emotional stabil zu bleiben. Ich sagte mir, dass ich jetzt in Sicherheit sein würde. Ich wollte nicht die Fassung verlieren und hysterisch werden, es galt, wie so oft schon, vor den Staatsbeamten keine Schwäche zu zeigen.

Später habe ich erfahren, dass meine Ausweisung aus Belarus in den staatlichen Medien als Flucht dargestellt wurde. Was für eine unglaubliche Lüge! Wie soll denn eine Person direkt aus dem Gefängnis heraus, ohne Geld, ohne Pass, ein Ticket kaufen und ins Ausland gehen können? Den Pass habe ich vom KGB erst an der Grenze bekommen!

Ich reise gern, schon weil ich die positiven Erfahrungen, die ich im Ausland gesammelt habe, in Belarus weitergeben möchte. Jeder Mensch mit patriotischer Gesinnung weiß, dass man in solch einer Situation niemals freiwillig das Land verlässt.

Als ich an der Grenze aus dem Auto gestiegen bin, fühlte ich mich zuerst erleichtert, dass ich draußen war, endlich frische Luft – aber das war eine körperliche Reaktion. Das Interessante an traumatischen Erfahrungen ist, dass man sich in der Situation selbst normal fühlt. Aber der Körper speichert diesen Schmerz, und manchmal äußert er sich erst Monate oder Jahre später, wenn man meint, man hat längst damit abgeschlossen, dann zeigt sich auf einmal eine Krankheit oder eine Depression.

Wir haben dann einen Bus gesehen, der von Grodno nach Warschau fuhr. Einer meiner Begleiter hat ihn angehalten. Die Grenze war leer, es war schon dunkel. Im Bus war fast keiner. Nachdem der Fahrer ausgestiegen war, hat er mich erkannt, weil er ein Belarusse war. Er bedankte sich herzlich bei den Männern, dass ich freigelassen worden war. Die Situation hatte was Komisches, denn die Typen wussten nicht, wie sie auf die Begeisterung des Fahrers reagieren sollten. Sie haben ihn gefragt, ob er mich nach Warschau mitnehmen könne, und er hat das begeistert bejaht. Also stieg ich ein.

Einige Tage vor meiner Verhaftung hatte in der französischen Botschaft in Minsk ein Treffen mit EU-Abgeordneten stattgefunden. Die Vertreter von Litauen und Polen hatten mir ihre Visitenkarten und ihre Handynummern gegeben. Mir fiel ein, dass die Visitenkarten noch in meiner Tasche steckten. Also habe ich den Fahrer gebeten, mir sein Handy zu leihen. Und mitten in der Nacht habe ich dann den polnischen Abgeordneten angerufen. Er hat tatsächlich den Anruf entgegengenommen und mir Hilfe zugesagt. Um 6 Uhr morgens wurde ich auf dem Busbahnhof in Warschau von einem Vertreter des polnischen Außenministeriums erwartet, der mich dann zu einem Hotel gebracht und dort die Rechnung übernommen hat. Ein Tag später, am 5. März, habe ich eine Pressekonferenz gegeben und Swetlana Tichanowskaja und meine Eltern benachrichtigt.«

Auf dieser Pressekonferenz hat der Vertreter der polnischen Regierung, Michał Dworczyk, unterstrichen, dass jeder, der Belarus aufgrund politischer Verfolgung verlassen muss, Asyl in Polen erhält. Im März 2021 waren es 100 politische Flüchtlinge, Anfang 2022 um die 700. In Polen gibt es eine belarussische Minderheit, die sich aktuell auf etwa 30 000 Personen beziffert. Die meisten von ihnen wohnen in der Nähe der Grenze. Jetzt kommen noch belarussische Flüchtlinge aus der Ukraine dazu.

»An diesem frühen Morgen in der mir fremden Großstadt Warschau wurde ich sehr traurig. Ich bin mit dem Bus durch mir unbekannte Straßen gefahren, wusste nicht, was mich erwartete, was ich hier tun sollte. Ich fühlte mich einsam, und mir war schwer ums Herz. Das wurde noch schlimmer nach dem 9. März, als ich erfuhr, dass Maria Kalesnikava ihren Pass, den sie ähnlich wie ich direkt an der Grenze ausgehändigt bekommen hat, an der Grenze zerrissen hatte und zurückgekehrt war. Auf diese Idee war ich nicht gekommen, vielleicht hätte ich es tun sollen, dachte ich damals verunsichert. Ich weiß jedoch, dass jeder seine Lebensaufgabe hat. Aber die Gedanken, die man zwangsläufig hat, sind von Zweifel geprägt. Dabei geht es doch darum, dass man, unabhängig von seinem Aufenthaltsort, nützlich bleibt. Jetzt sitzen fast alle meine früheren Mitstreiter im Gefängnis, und ich kann von Polen aus für sie so sprechen, wie ich es in Belarus niemals könnte. Aber es ist keineswegs so, dass Emigration Freiheit bedeutet. Man leidet auf andere Art. Etwa hundert Menschen, die ich kenne, sitzen gerade ihre Strafe ab. Aus den Gefängnissen werden mir Nachrichten zugeschickt. Sie sind sehr emotional, voller Liebe, sie werden auf einem ganz anderen empathischen Level geschrieben. Tatsächlich ist es so, dass ich von meinen inhaftierten Freunden unterstützt werde, sie sind es, die versuchen, mir Kraft zu spenden und seelisch beizustehen.

Das muss man sich mal überlegen, es rührt mich zutiefst. Auch wenn sie bereits ein Jahr und länger sitzen, versuchen sie uns, die draußen sind, Beistand zu leisten. Neulich hat eine Tut.by-Journalistin, Jelena, vom Gefängnis aus ihren Anwalt beauftragt, allen Freundinnen Narzissen zu schicken. Selbst diejenigen, die zurzeit in Litauen wohnen, haben welche bekommen. Was für eine Geste! Im Gegenzug fühle ich mich dazu verpflichtet, alles zu tun, damit sie wieder freikommen.«

In Warschau hat Wolha Kawalkowa noch keine Bekanntschaften mit Polen geschlossen, sie lebt in der belarussischen Diaspora, ist öfter im litauischen Vilnius.

»Eine Freundin war neulich in meiner alten Wohnung in Minsk, sie ist durch die Wohnung gelaufen und hat dabei alles gefilmt. Beim Betrachten des Videos habe ich gemerkt, dass ich keine Bindung mehr zu diesem Ort habe, ich habe die Wohnung nicht mehr als meine empfunden. In dem Moment habe ich verstanden, dass man sich in jeder Stadt, an jedem beliebigen Ort heimisch fühlen kann, Hauptsache, die Gesundheit spielt mit. Natürlich wäre ich zu dieser Einsicht lieber ohne dieses erzwungene Abenteuer gekommen. Aber was passiert ist, ist passiert. Aufgrund der unfreiwilligen Emigration weiß ich jetzt, das Leben findet dort statt, wo man gerade ist.

Viele Menschen hängen an einer bestimmten Art zu leben, sie sagen, die Arbeit, die Wohnung, die Menschen um einen darf man nicht verlassen, es kann gar nicht anders sein, es würde schiefgehen. Aber ein anderes Leben ist möglich! Manchmal muss man sich auch Hilfe holen. Ich habe mir auch psychologische Hilfe geholt. Im Sommer 2021 habe ich verstanden, dass mein Körper seine letzten Reserven aufgebraucht hat. Nach dem großen Stress, dem ich ausgesetzt gewesen war, hat mein Körper alle Kräfte mobilisiert, und irgendwann habe ich gespürt, dass ich nicht mehr konnte. Ausgerechnet als ich mich wieder sicher und besser gefühlt habe, begannen die gesundheitlichen Probleme.

Diese Erfahrung, in einem anderen Land zu leben, ist unglaublich wichtig. Ich sehe jetzt, dass ich von Europa noch viel aufnehmen kann, bevor ich nach Hause zurückkehre.«

Eine eigene Wohnung und das Büro im Co-Working-Space müssen finanziert werden. Die belarussische Diaspora erhält Hilfen von europäischen Politikern und Institutionen. Ich frage Wolha danach.

»In Warschau werde ich von diversen EU-Abgeordneten unterstützt, zum Beispiel von den Mitgliedern der Europäischen Volkspartei, die Geldspenden für mich sammeln. Der CDU-Abgeordnete Michael Gahler ist besonders aktiv in dieser Hinsicht. Diese Hilfe ist sehr wichtig, würde es sie nicht geben, müssten wir, die Anführer und Anführerinnen in der Emigration, über unser täglich Brot nachdenken und könnten den Kampf nicht fortführen. Dank der finanziellen Hilfe können wir politisch weiter aktiv sein. Es ist ja bekannt, dass, wer zum Leben nicht genug hat, auch nicht in der Lage ist, über Freiheit und Demokratie nachzudenken. Die Hauptaufgabe von Diktatoren besteht darin, diese Not herzustellen und aufrechtzuerhalten. Wenn wir jetzt nach Belarus schauen, sehen wir, dass die Revolution von der Mittelklasse ausging, von Menschen, die nicht mehr um die nackte Existenz kämpfen, sondern Visionen haben für die Zukunft ihres Landes.«

Ich frage Wolha, wie sie die Situation in Belarus mittlerweile einschätzt.
»Die Lage ist sehr kompliziert. Bis zum Mai 2021 hatten wir noch die Hoffnung, dass wir irgendwie gewinnen könnten. Nach dem Treffen von Lukaschenko und Putin in Sotschi wurde klar, dass man ihm unter die Arme gegriffen hatte, um den Aufstand zu unterdrücken. Direkt danach ereignete sich der Vorfall mit der entführten Ryanair-Maschine, die den Blogger Roman Protassewitsch an Bord hatte. Das war ein besonders krasses Beispiel für die neuen Repressionen gegen Journalisten.

Seitdem ist offensichtlich, dass das Schicksal von Belarus von der russischen Politik abhängt. Und alles, was in den Nachbarstaaten Russlands stattfindet, ist jetzt von Belang. Was noch vor einem Jahr stabil erschien, wackelt nun: die Ukraine, Georgien, Kasachstan, die geopolitische Lage verändert sich gerade dramatisch. Belarus darf man also nicht nur im Kontext der Diktatur betrachten, sondern man muss die politisch-wirtschaftliche Abhängigkeit von Russland sehen. Die Ukraine kämpft gegen russische Truppen, in Belarus fürchtet man die Ausweitung des Konflikts. Wir durchlaufen eine schlimme und schwierige Phase.

Letztendlich hängt alles von den Menschen ab. Wir befinden uns weiterhin in Prozessen, die zu Veränderungen führen. Es ist nicht so, dass die Menschen die Proteste vergessen haben und nun versuchen, mit einem Kompromiss zu leben. Für uns, die im Ausland sind, ist es enorm wichtig, die Stimmungen im Land zu kennen. Ich merke, dass es oft an einer Verbindung mangelt. Viele sind im Jahr 2020 stehen geblieben, aber wir haben schon 2022. Und wir haben jetzt einen Krieg gegen die Ukraine.

Ich finde es unglaublich wichtig, weiterzumachen, die Entwicklung voranzutreiben, nicht stehen zu bleiben. Es kommt der Tag, an dem wir viele unterschiedliche Politikerinnen und Politiker brauchen werden, und wir müssen dafür in Form bleiben. Wir wissen nicht, wohin sich die belarussische Gesellschaft in den nächsten Jahren entwickeln wird. Es kann sein, dass viele Führungspersonen, die jetzt im Ausland leben, diese Entwicklung nicht mehr mittragen können. In Belarus ist innerhalb eines Jahres so viel passiert, in dieser kurzen Zeitspanne, in diesem Augenblick der Geschichte wurden die Weichen für das Land neu gestellt.

Es kann also auch gut sein, dass die jetzigen Anführer und Anführerinnen von bestimmten Prozessen überholt werden. Auch wenn wir davon überzeugt sind, mit unseren Ideen den Dingen voraus zu sein, muss das nicht so bleiben. Ich mache seit zehn Jahren Politik. Wenn du nur an das Ergebnis denkst, aber den dafür nötigen Prozess nicht beachtest, wird das, was du angestrebt hast, ganz anders ausfallen. Das ist ähnlich wie beim Bücherschreiben. Mein Ziel ist es, dass sich in Belarus demokratische Prozesse etablieren. Die Geschichte zeigt, dass jeder Prozess aus mehreren Phasen besteht, wie bei Büchern: Es gibt die Einführung in die Geschichte, den Höhepunkt und dann die Auflösung. In unserer Geschichte sind wir gerade irgendwo in der Mitte.«

Wolha beklagt sich, dass sie derzeit keinen Zugang zu Literatur hat. Im Internet suchen wir zusammen nach Büchern, die sie, die junge Politikerin, inspirieren könnten und eventuell auf Belarussisch oder Russisch vorliegen. Wir finden *Verführtes Denken* des polnischen Nobelpreisträgers Czesław Miłosz in russischer Übersetzung. Timothy Snyders *Über Tyrannei: Zwanzig Lektionen für den Widerstand* hingegen braucht sie nicht – Wolha kennt sie aus eigener Erfahrung.

Ich zeige Wolha den schmalen Band *Was heißt persönliche Verantwortung in einer Diktatur?* von Hannah Arendt. Dieses Buch lese ich gerade. Wolha spricht der Titel sofort an.

»Persönliche Verantwortung, das ist der Schlüssel. Unsere Gesellschaft in Belarus war vollkommen abhängig. Doch wenn du selbst die Verantwortung für dein Leben übernimmst, dann kann keine Diktatur der Welt dich mehr beherrschen. 2020 haben wir die Verantwortung für uns übernommen, aber jetzt findet wieder der umgekehrte Prozess statt. Die Menschen haben es nicht leicht. Ich muss meine Worte, die ich an sie richte, sehr gut bedenken, denn ich kann die Menschen leicht gegen mich aufbringen, wenn ich sie falsch anspreche. Sie denken dann, die hat gut reden, sie ist in Polen!

Die Tatsache, dass man, egal, wo man ist, etwas Gutes für sich selbst tun kann, ist nicht populär. Immer möchte man, dass irgendjemand einem hilft, man wartet auf Erlösung. Das geht schon bei der eigenen Biografie los. Wenn man zusammen mit einem Psychologen die eigenen Traumata aus der Kindheit auslotet und verarbeitet, versteht man, welchen Einfluss sie auf das Leben eines Erwachsenen haben. Aber das ist ein tiefes Wasser, und nicht jeder begibt sich gern freiwillig hinein. Das Zusammenwirken von Psychologie und Politik interessiert mich, man kann zum Beispiel leichter verstehen, warum manche Menschen dem Populismus verfallen, da sie es vorziehen, die Verantwortung abzugeben.«

Unsere Zeit ist um. Während wir in der Teeküche des Co-Working-Space unsere Gläser in die Spülmaschine räumen, bitte ich Wolha um einen abschließenden Satz für unser Interview.

»Mein Kopf ist voll, so viele Informationen, dazu der Druck der Verantwortung, die ich bereitwillig auf mich genommen habe. Ich denke über die Zukunft nach, über die nächsten Schritte … Es ist doch ein Vergehen, wenn du das Wissen, das dir zur Verfügung steht, nicht mit anderen teilst. Ich bin der Meinung, dass geteiltes Wissen zu einer positiven Veränderung in der Welt führt. Und darin sehe ich meine Aufgabe.«

Iryna Novik (geb. 1970)

DIE FRAU MIT DEM ROTEN KLEID

Iryna Novik hat als Journalistin für *Grodno Live* gearbeitet, bis das Portal 2021 geschlossen wurde. Iryna und ihre Kolleginnen und Kollegen haben nicht nur ihre Arbeit verloren, sondern die Stadt damit ein wichtiges Medium der freien Presse. *Grodno Live* wurde als extremistisch eingestuft und verboten. Iryna lebt inzwischen in Litauen. Ich habe Glück und kann sie in Berlin treffen, wo sie sich gerade auf Einladung von »Reporter ohne Grenzen« aufhält. In einem Café in der Winterfeldtstraße beginnt sie sogleich zu erzählen:

»Ich habe nach der Flucht beschlossen, aus dem Koffer zu leben. Zuerst war ich in Vilnius, dann bin ich ins georgische Batumi gezogen, dort an der Schwarzmeerküste ist es warm, und die Mieten sind niedriger als in Litauen. Mein Mann musste allerdings zu Hause bleiben, wegen seiner Therapien. Sein Gesundheitszustand erlaubt es ihm nicht, Belarus zu verlassen, er hat Krebs.

Mir persönlich geht es gerade etwas besser, nur die Nieren wollen nicht so recht, einmal im Monat brauche ich eine Chemo. Dort, wo ich gerade wohne, findet sich immer jemand, der mir helfen will. Aber ich bin oft unterwegs, es gibt so viele Einladungen und so viel zu tun. So wie jetzt gerade in Berlin. Das erste Mal im Leben, und vielleicht ist es auch das letzte Mal, kann ich Einladungen annehmen und reisen und dabei die unterschiedlichsten Menschen kennenlernen. Ich habe nur einen Koffer, da sind alle meine Sachen drin. Alle. Mein Lieblingskleid habe ich an.«

Irynas rotes Kleid macht sich gut in der in Weiß gehaltenen Einrichtung des Cafés. Weiß-Rot-Weiß, das sind die Farben der alten belarussischen Flagge, die oft auf den Demonstrationen nach der denkwürdigen Wahl im August 2020 auf den Straßen von Belarus zu sehen war. Heute kann man in Minsk von der Polizei angehalten, gar verhaftet werden, wenn man rot-weiß gestreifte Socken trägt.

In dem Café sitzen wir an einem weißen Tisch, Iryna leuchtet rot. Ihr Lieblingskleid ist von zeitloser Eleganz. Ein Kleid für viele Gelegenheiten. Nicht jede Frau kann Rot tragen, Iryna steht die Farbe. Die Schuhe, die sie dazu trägt, haben dicke Sohlen, sie wirken bequem. In der Zelle des Gefängnisses von Grodno hätte Iryna solche Schuhe gebrauchen können. Zwar wurde sie im Sommer verhaftet, aber sie musste drei Tage lang stehen, und das in ihrem Alter, mit 50, und unmittelbar nachdem sie aus dem Krankenhaus entlassen worden war.

Ich frage, warum sie so hart bestraft wurde. Dabei ist mir bewusst, dass man in Belarus für vieles bestraft werden kann, auch für Taten, die man nicht begangen hat. Aber warum musste Iryna Novik in Haft? Um mir zu erklären, wie es dazu kam, kehrt die Journalistin in die Zeit vor ihrer Verhaftung zurück.

»Vor drei Jahren habe ich zusammen mit zwei anderen Journalisten das Portal *Grodno Live* ins Leben gerufen. Es lief sehr gut, bis zur Wahl 2020, danach wurde die Webseite gesperrt, und wir haben unsere Arbeit verloren – wie so viele andere Journalistinnen und Journalisten.«

Die Redaktion von *Grodno Live* befand sich im Zentrum der Stadt, direkt gegenüber vom Gefängnis in einem ehemaligen Jesuitenkloster. Das Gebäude ist dreihundert Jahre alt. In den Pausen trank man Kaffee und sah auf die Mauern der Strafanstalt oder, auf der anderen Seite, auf die Pfarrkirche mit einer der ältesten Uhren Europas. Ich schaue mir Bilder von dem Ort im Internet an: die Franz-Xaver-Kathedrale, im Volksmund Pfarrkirche genannt, ist ein imposantes Gebäude mit grünen Kuppeln und zwei Türmen. Sie ist das Wahrzeichen der Stadt.

Aber zurück zu Iryna und ihrem roten Kleid. Die Farbe zieht sich tatsächlich wie ein roter Faden durch ihr Leben. Sie erzählt von einem anderen roten Kleid.

»Meine Mutter war Kommunistin, eine aufrichtige, gläubige Kommunistin. Eine, die man in die schwierigsten Schulen schickte, damit sie dort Ordnung schaffte. Sie hat Geschichte unterrichtet, und unsere Wohnung war vollgestopft mit Büchern über die Revolution und Lenin. Ich habe Briefe der Kommunisten der ersten Stunde gelesen, ihre Berichte aus der Emigration, ihre Erinnerungen an Gefängnisaufenthalte. Das alles stand bei uns im Regal.

Meine Mutter war auch eine der Ersten, die den Schulunterricht auf Belarussisch abgehalten hat. Zu Weihnachten gab es immer ein Fest bei uns in der Schule. Ich war zehn Jahre alt. Für dieses Fest haben wir uns verkleidet, die Mädchen meist als Schneeflocken. Aber meine Mutter hatte eine andere Idee und nähte mir ein rotes Kleid. Ich ging als Revolution mit Hammer und Sichel auf dem Kopf.«

Ich rechne nach und bin erstaunt, denn das muss im Winter 1980 gewesen sein. Während Iryna als Revolution in die Schule ging, entstand in Polen aus den Streiks der Arbeiter auf der Danziger Werft die freie Gewerkschaft Solidarność.

»Genau, und ich fühlte mich wohl als Revolution. Lenin war auch mein Held. Bei uns hat die Verkleidung keinen verstimmt. Später habe ich studiert, wurde Bauingenieurin, meinen Mann hatte ich an der Uni in Minsk kennengelernt. Nach Grodno gingen wir 1993. Das war eine besondere Zeit. Kurz nach dem Ende der Sowjet-Ära gab es viele arbeitslose Ingenieure, weil sie in Russland nicht mehr beschäftigt wurden.

Auf gerade mal 20 Stellen kamen hundert Diplom-Ingenieure, die eine Arbeit suchten. Wir wurden verteilt, und so bekamen wir Jobs in Grodno. Ich war viel unterwegs, musste zu Baustellen fahren. Doch als unsere Kinder da waren, wurde es für mich zu anstrengend, und ich begann, Arbeiter im Umgang mit Elektrik und Gas zu unterrichten. Denn Arbeiter wissen oft nicht, was Arbeitssicherheit bedeutet, und das kann gefährlich werden. Deshalb sollten sie in die Grundlagen der Elektrik eingeführt werden, ich tat das mit Vergnügen.

Vor Jahren wurde sogar einmal der Altar der Kathedrale zerstört, eine unsachgemäße Elektroinstallation hatte einen Brand verursacht.

Journalistin wurde ich dann wegen meiner Tochter. Sie ging auf eine Journalistenschule und bat mich immer wieder um Hilfe. Mal sollte ich etwas fotografieren, dann kleine Texte zu den Fotos schreiben – bis ich eines Tages, das war 2016, mit zwei anderen Kollegen das Portal *Grodno Live* gründete!«

Iryna hatte mir bereits erzählt, dass das Portal gut anlief, sie gut angenommen worden waren und Einnahmen über Werbung erzielten.

»Und wir haben sehr viel zu tun gehabt! Vor der Wahl haben wir wie verrückt gearbeitet, keinen Urlaub genommen. Wir hatten uns vorgenommen, nach der Wahl sofort zu verreisen, darauf haben wir uns schon gefreut, es war schließlich Sommer, August, Ferienzeit! Aber es kam anders.

Es war nicht die erste Wahl, bei der es nicht mit rechten Dingen zugegangen war. Schon 2006 und 2010 haben wir mitbekommen, dass ordentlich geschummelt wurde. Aber dieses Mal haben sehr viele Menschen für die Opposition Wahllisten unterschrieben. Es gab kilometerlange Schlangen an den Punkten, an denen die Unterschriften für die Oppositionskandidaten gesammelt wurden. Es war nicht zu übersehen, die Belarussen wollten eine Veränderung an der Spitze ihrer Regierung.

In Grodno verlief die Wahl ganz ruhig. Die unabhängigen Beobachter standen vor den Wahllokalen und befragten die Wahlberechtigten. Es gab sogar ein Zeichen, ein weißes Band am Handgelenk bedeutete, dass die Person Swetlana Tichanowskaja wählte. Allen war klar, wie die Wahl ausgehen würde – nach den Berichten der Wahlbeobachter hatte Lukaschenko keine Chance zu gewinnen. Dagegen sprachen die vielen Menschen mit weißen Armbändern, die in die Wahllokale gingen, sie wurden gezählt. Viele sagten außerdem nach Verlassen des Wahllokals: ›Ich habe nicht für Lukaschenko gestimmt.‹

Als die Ergebnisse veröffentlicht werden sollten, aber die Beobachter nicht in die Wahllokale gelassen wurden, sondern die Wahlhelfer durch die Hintertüren verschwanden, gingen viele Menschen auf die Straßen. Massen protestierten gegen den Wahlbetrug. Allen war klar, dass es nicht mit rechten Dingen zuging, vor allem deshalb, weil Siarhej Tichanowski schon vor der Wahl nach einer Provokation unschuldig verhaftet worden war. Zudem wurde das Internet abgeschaltet, der einzige funktionierende Kanal war Telegram.

Die Proteste wurden gewaltsam niedergeschlagen, wir konnten die Redaktion nicht verlassen – alles spielte sich vor unserer Tür ab, im Zentrum der Stadt. Uns war klar, wenn wir während der Proteste auf die Straße gingen, würden wir auch im Awtosak, dem Gefangenentransporter, landen. Unsere Reporter haben sich vorsichtig durch die Straßen bewegt, von einer Ecke zur anderen, von einem Hauseingang zum nächsten. Sie haben Fotos gemacht und Menschen befragt, um danach in die Redaktion zurückzukehren und das Material zu überspielen, da man es nicht digital senden konnte.

Erst am frühen Morgen haben wir uns getraut, nach Hause zu gehen, um für ein paar Stunden zu schlafen. In diesen intensiven

Tagen nach der Wahl haben wir verstanden, wie wichtig unser Portal für die Bürgerinnen und Bürger unseres Landes als Quelle ist. Viele sind auch zu uns gekommen und haben uns informiert, was in der Stadt gerade passierte.

Als das Internet wieder ging, haben wir Besucher der Redaktion informiert, wie man eine Verbindung zu einem ausländischen Netz herstellt. Sie kamen direkt in die Redaktion und haben uns gefragt: Wie mache ich das, wie kann ich mein Handy nutzen, auch wenn bei uns das Internet abgeschaltet ist? Wunderbar war, dass sie uns beispielsweise Nudeln oder Tee mitgebracht haben, weil sie wussten, dass wir die Redaktion nicht verlassen konnten. Ruslan Kulewitsch, einem Kollegen, ist etwas Schreckliches passiert. Als er unterwegs war, ist er in einen Kessel geraten, die OMON-Männer haben brutal zugeschlagen, ihm wurden dabei beide Arme gebrochen. Er hat furchtbar gelitten.«

Ruslan Kulewitsch ist mittlerweile in Polen im Exil. Er war es, der mir den Kontakt zu Iryna vermittelt hat. Und den Kontakt zu Ruslan hatte ich wiederum von Natalija aus Lublin, die ich über Tomek kennengelernt hatte, den ich über Bartek, seinen Nachbarn, kannte. Und so entstand dieses Buch. Woche für Woche wurde ich weiter verbunden und vernetzt. Ein Kontakt folgte dem nächsten, wie bei einer Kettenreaktion. Ruslan geht es inzwischen gut, seine Verletzungen sind verheilt.

»Nach den schrecklichen Ereignissen hat jeder von uns über seine Erfahrungen, die er an den ersten Protesttagen gemacht hat, geschrieben. Wir hatten dann zunehmend wirtschaftliche Probleme, denn es wurde immer weniger Werbung bei uns geschaltet. Die Stadtverwaltung hat auf die Firmen Druck ausgeübt, sie sollten ihre Werbeaktivitäten auf die staatlichen Medien konzentrieren, nicht auf die freien. Die PR-Manager der Firmen wurden belehrt, dass man mit uns nicht zusammenarbeitete.

In dieser Zeit, im Sommer 2020, haben uns Leser und Leserin-

44

nen sehr geholfen. 2021 wurde unser Portal blockiert, seitdem befasst sich die Staatsanwaltschaft mit Vorwürfen gegen *Grodno Live*. Unser Account auf Telegram wurde als extremistisch eingestuft. Wir haben daraufhin beschlossen, ihn zu löschen, um die Menschen, die uns folgten, nicht in Gefahr zu bringen.

Seit 2021 hat auch fast jede Journalistin, jeder Journalist eine Anklage am Hals gehabt, viele standen bereits vor Gericht. Ich wurde von den staatlichen Medien als Faschistin und Nationalistin verunglimpft. Alle, die sich mit der weiß-rot-weißen Flagge zeigen, werden als Faschisten bezeichnet, obwohl Lukaschenko nach seiner ersten Wahl zum Präsidenten von Belarus auf ebendiese Flagge seinen Eid geschworen hat.«

Die Geschichte der belarussischen Flagge ist interessant. Seit 1918 symbolisiert die weiß-rot-weiße Flagge das unabhängige Belarus. Ihren Symbolcharakter erhielt sie nach dem kommunistischen Putsch 1919. Verwendet wurde sie in der Zwischenkriegszeit im polnischen Exil in Prag. Als sich Belarus zwischen 1991 und 1995 von Russland abspaltete, war die Flagge ein Symbol der wiedergewonnenen Unabhängigkeit der ehemaligen Sowjetrepublik. Solange Belarus zur UdSSR gehört hatte, war die weiß-rot-weiße Flagge verboten gewesen.

Ein Zusammenhang zum Faschismus kann deshalb hergestellt werden, weil die Flagge im Zweiten Weltkrieg von der Weißruthenischen Heimwehr (Belaruskaja Krajowaja Abarona, BKA) verwendet wurde. Vor dem Anmarsch der Roten Armee initiierten die deutschen Besatzer eine antibolschewistische Mobilisierung in Belarus. In diesem Zusammenhang wurde die Weißruthenische Heimwehr gegründet, die an der Seite der Wehrmacht kämpfte. Am 6. März 1944 gab Adolf Hitler die Erlaubnis, die Belarussen in die Abwehr gegen die Rote Armee einzubeziehen und aus der einheimischen Bevölkerung eine militärische Einheit zu bilden. Alle ehemaligen belarussischen und polnischen Offiziere der Jahrgänge 1908 bis 1924 erhielten einen Gestellungsbefehl. Die Männer hatten keine Wahl: Wer sich nicht innerhalb von drei Stunden an einem festgelegten Rekrutierungspunkt meldete, musste mit der Todesstrafe rechnen. Wer sich den Partisanen anschloss, gefährdete das Leben seiner Angehörigen.

Die Weißruthenische Heimwehr wurde sowohl gegen sowjetische Truppen als auch gegen Partisanen eingesetzt. Es wurden sechs Heimwehr-Pionier-Bataillone aufgestellt. Außerdem wurden Wehrmacht-Pionier-Bataillone mit circa 20 000 Belarussen aufgefüllt, gemeldet hatten sich 40 000 Männer. Die Belarussen hofften auf eine eigene Armee, die nach dem siegreichen Krieg gegen die Rote Armee bestehen bleiben sollte. Der General der Waffen-SS Curt von Gottberg führte die Weißruthenische Heimwehr an. Im Dezember 1944 wurden die Reste dieser Heimwehr in die Waffen-SS-Grenadierbrigade »Weissruthenien« umgewandelt. Es gab keine einheitliche Uniformierung der Einheiten, die Offiziere trugen allerdings auf dem linken Arm ein weiß-rot-weißes Abzeichen mit dem roten Kreuz in der Mitte. Nach der Kapitulation floh ein Teil der Weißruthenischen Heimwehr nach Deutschland und gründete mit 422 Männern einen Verband. Wem die Flucht nicht gelang, der wurde von den Sowjets in Arbeitslager verschleppt.

Die Geschichte der Weißruthenischen Heimwehr wird von der staatlichen Propaganda in Belarus benutzt, um die weiß-rot-weiße Flagge mit der Kollaboration der Belarussen mit dem Nationalsozialismus zu identifizieren. Die grün-rote Flagge, die es schon in der Sowjetzeit gab, wurde, ohne Hammer und Sichel, nach einem Referendum, bei dem 75 Prozent der Bevölkerung dafür stimmten, ab dem 14. Mai 1995 verwendet. Seit diesem Tag, an dem Lukaschenko die weiß-rot-weiße Flagge vom Parlamentsgebäude herunterholen und in Stücke schneiden ließ, ist sie verboten. Während der Proteste 2020 wurde die ursprüngliche belarussische Fahne zu einem Symbol der Opposition.

Iryna erzählt mir von dem belarussischen Aktionskünstler Ales Pushkin, der bei einem berühmten Happening 1999 Lukaschenko eine Schubkarre Mist schenkte und dies mit einer Gefängnisstrafe büßen musste. Im Herbst 2020 hat der Künstler im Kulturzentrum Grodno eine Ausstellung organisiert, bei der unter anderem das Porträt eines belarussischen Unabhängigkeitskämpfers gezeigt wurde. Auchien Schichar hatte während des Zweiten Weltkrieges mit der deutschen Besatzung kollaboriert in der Hoffnung auf ein unabhängiges Belarus nach dem Krieg. Nach dem Krieg dann, bis 1955, kämpfte er gegen die Sowjets im der UdSSR angeschlossenen Belarus. Iryna Novik war bei den Vorbereitungen für die Ausstellung dabei.

»Ich war unsicher, wie lange die Ausstellung wohl zu sehen sein würde, also fertigte ich bei der Hängung der Bilder im Kulturzentrum eine Fotodokumentation an. Am Abend gab es einen Artikel zu der Ausstellung, aber keine Fotos. In der Redaktion wurde in die Runde gefragt, ob jemand Bilder von der Ausstellung gemacht hatte. Ich meldete mich. Allerdings hatte ich nicht darauf geachtet, wer auf den Aufnahmen zu sehen ist. Ein Foto zeigte das Porträt eines Mannes mit Mütze und Schafspelz. Es stellte sich heraus, dass es besagter Auchen Schichar war, für mich ein Faschist.

Ausgerechnet dieses Foto haben wir dann auf die Seite von *Grodno Live* gestellt, zu dem Text über die Ausstellung. Bei der Verwendung von Fotos haben wir immer die Namen der Urheberin angegeben, also stand mein Name unter diesem Foto. Am gleichen Abend noch kreuzte die Polizei in der Redaktion auf.

Es war noch nicht so spät, vielleicht 22 Uhr. Ich war schon zu Bett gegangen, weil ich lesen wollte, *Die Kinder des Arbat* von Anatoli Rybakow. Ich kannte es zwar schon, hatte aber Lust, es noch einmal zu lesen. Plötzlich überkam mich große Lust auf Cola und Zigaretten, also stand ich wieder auf, um zu dem Kiosk bei uns an der Ecke zu gehen und beides zu kaufen. Als ich den Fahrstuhl verließ, sah ich Fremde vor unserem Haus stehen, es war die Geheimpolizei mit einem Durchsuchungsbefehl.

Eigentlich dürfen bei uns Hausdurchsuchungen nur bis 18 Uhr durchgeführt werden, es war also gegen die Vorschriften. Das Ganze war dann sehr unangenehm. Was sie vor allem interessierte, war technisches Gerät. Sie haben nach unseren Handys gesucht, auch nach den alten, ausrangierten Geräten, und haben alle mitgenommen.

Mein Mann hat noch schnell seinen Anwalt angerufen und Freunde benachrichtigt. Ich habe heimlich in der Küche telefoniert und versucht, so viele Freunde wie möglich zu informieren.

Während der Durchsuchung musste ich an *Die Banalität des Bösen* von Hannah Arendt denken, an Menschen, die sagen, dass sie einfach nur ihre Arbeit tun.

Die jungen Männer, die bei uns ›ihre Arbeit taten‹, wurden vom Roboterstaubsauger überrascht. Er war gerade automatisch vom Ruhemodus wieder in den Aktivmodus gewechselt und fuhr munter durch unsere Wohnung. Einer der Geheimpolizisten konnte seine Augen nicht von dem Staubsauger lassen und begann mir Fragen zu stellen, ob es sich lohne, sich solch ein Gerät zu kaufen, welches Modell gut wäre und so weiter. Ich konnte es nicht fassen, dass er sich auf einmal wie ein Gast aufführte und nicht wie ein Eindringling.

Diese Männer hatten kein schlechtes Gewissen, sie taten einfach das, was von ihnen verlangt wurde. Stundenlang haben sie in unseren Sachen herumgewühlt und plötzlich, es war schon Mitternacht, wollten sie mit mir über den Roboterstaubsauger sprechen. Gleich danach fragten sie mich nach Geld. Ich sollte ihnen alles, was ich zu Hause hatte, aushändigen.

In dem Nachtkästchen neben meinem Bett bewahre ich in einer Schublade Münzen auf, die ich aus unterschiedlichen Ländern mitgebracht habe. Ich habe sie sogar sortiert und in kleine Säckchen abgepackt, polnische Zloty, russische Rubel und andere Währungen, alles kleine Mengen natürlich. Diese Säckchen habe ich herausgeholt und erklärt, dass es sich um ausländisches Geld handelt. Ein junger Polizist hat die Säckchen ausgeschüttet, doch seine Chefin hat ihn dafür gerügt, er würde sich mit Unwichtigem beschäftigen und Zeit vergeuden. Aber er meinte: ›Das ist so interessant‹, während er in aller Ruhe die Münzen in seiner Hand drehte.

Ich dachte mir, dass er kein Kind mehr ist und wissen müsse, was er hier tat, dass er Menschenrechte verletzte. Aber er hat es nicht gewusst. Die Hausdurchsuchung war wie ein Ausflug in eine neue Welt, die er bei der Gelegenheit für sich entdecken durfte. Dass er damit die Privatsphäre eines anderen Menschen verletzte, hat er nicht gesehen.

Die ganze Aktion war gegen das Gesetz, nur wegen eines Fotos eine Hausdurchsuchung anzuordnen! Noch dazu war nicht nur die Uhrzeit unverschämt, sondern dass ich dann auch noch verhört wurde. Ich habe auf die meisten Fragen nicht geantwortet mit der Begründung, dass ich befürchtete, diese Informationen könnten gegen mich verwendet werden. Wurde ich nach Bekannten gefragt, habe ich keine Namen verraten. Wir Journalisten in Belarus wurden nämlich geschult, wie man sich bei Verhören zu verhalten hat.«

Die nette Bedienung des Cafés bringt uns weitere Getränke. Im Gespräch kommen wir allmählich zu Irynas Gefängnisaufenthalt. Ich kann nicht glauben, dass Iryna Novik nur wegen dieses einen Fotos ins Gefängnis gesteckt wurde.

»Einige Kanäle auf Telegram wurden als extremistisch eingestuft. Das Teilen von Inhalten galt dann als Verbreitung von extremistischen Nachrichten, wofür man zur Verantwortung gezogen werden konnte. Dazu gehörten zum Beispiel die Kanäle Nexta und Nexta Live, die von Polen aus betrieben wurden und deren Chefredakteur Roman Protassewitsch, der samt Flugzeug entführte Journalist, war.

Wenn in Belarus irgendwo ein Foto mit Nexta-Logo erscheint, ist das schon ein Vergehen. Nexta hat Millionen Follower und gehört zu den wichtigsten Kanälen, die über die Proteste und die Opposition berichten.

Mein Fehler war, dass ich ein Foto auf die Webseite von *Grodno Live* gestellt habe, auf dem das Logo von Nexta war. Das war direkt nach der Entführung des Flugzeugs mit Roman Protassewitsch an Bord. In einem Artikel wurde über die Reaktionen auf die Entführung in den Social-Media-Kanälen berichtet. Das Logo war winzig und es war mir nicht aufgefallen. Der Redakteur vom Dienst hat das Bild ebenfalls begutachtet und das Logo nicht bemerkt. Die Polizei war leider aufmerksamer.

Da Nexta als extremistisch eingestuft wurde, gerieten alle, die damit zu tun hatten, in den Verdacht, staatsfeindliche Aktivitäten zu betreiben. Noch bevor das Kesseltreiben losging, fiel auch jemandem von uns das Logo auf, und das Foto wurde sofort von der Webseite genommen. Aber es war schon zu spät.

Am frühen Morgen klingelte es an meiner Tür. Ein Polizist wollte mich zum Verhör mitnehmen, aber ich hatte einen Maniküre-Termin an diesem Tag. Also fragte ich ihn, wie lange es dauern würde, ich müsste meinen Tag planen. Er meinte, es würde nur eine halbe Stunde dauern und ich könnte wählen, ob ich mittags kommen wolle oder am Morgen des nächsten Tages. Ich entschloss mich, am nächsten Morgen hinzugehen.

Am nächsten Tag war ich um 8.30 Uhr auf dem Polizeirevier in der Nähe meiner Wohnung. Dort wartete ich eine halbe Stunde, doch niemand rief mich zum Verhör. Zusammen mit drei anderen Personen saß ich in einem Warteraum. Als der Polizist endlich erschien und ich dran war, stellte er mir ständig die gleichen Fragen: ob ich das Foto auf die Webseite gestellt hätte, ob mir das Logo von Nexta aufgefallen sei oder nicht. Dann ordnete er eine weitere Durchsuchung an.

Zu diesem Zeitpunkt wussten wir bereits, dass es besser war, weder zu protestieren noch zu diskutieren. Als ob ich es geahnt hätte, hatte ich, bevor ich zum Revier gegangen war, meinen Laptop und mein Handy bei Bekannten deponiert.

Der Polizist durchsuchte unsere Wohnung und verstand schnell, dass das, wonach er suchte, nicht auffindbar war. Er sagte daraufhin: ›Wir werden Ihnen keine Ruhe geben. Sie kommen jetzt mit, ich werde Sie für 72 Stunden einsperren.‹

Und so wurde ich völlig unerwartet verhaftet. Eingesperrt wurde ich wegen der Verbreitung extremistischer Inhalte. Das besagte

Foto war keine zwei Stunden auf unserer Webseite gewesen, aber das reichte aus.«

Über ihre Tage im Gefängnis hat Iryna selbst geschrieben. Den Bericht gebe ich hier wieder, denn er beschreibt ihre Erlebnisse am besten. Eines möchte ich noch anmerken. Iryna hatte kurz davor eine Krebs-Diagnose erhalten. Gesundheitlich ging es ihr nicht gut, sie benötigte Medikamente. Ihr Körper und ihr Geist wurden in den 72 Stunden Arrest einer schweren Prüfung unterzogen. Denn sie durfte sich in der Zelle nicht hinsetzen. Um 22 Uhr wurde ihr eine Matratze für die Pritsche ausgehändigt, die sie am nächsten Morgen um 6 Uhr wieder abzugeben hatte. Von 6 Uhr an galt es, den ganzen Tag auf den Beinen zu stehen. Es gibt unterschiedliche Arten, Menschen zu foltern, auch welche, ohne sichtbare Spuren zu hinterlassen.

Irynas Bericht:
»Ein Polizeibus fährt mich durch die Stadt. Wir fahren unter den Fenstern meiner Redaktion vorbei, halten an, direkt gegenüber, vor dem Gefängnistor. Doch ein Lkw mit der Aufschrift ›People‹ blockiert die Zufahrt, er liefert die Bühne für eine Veranstaltung. Der Fahrer unseres Busses ist wütend. ›Wir werden eine Stunde verlieren‹, schimpft er laut. Ich weiß noch nicht, dass das gut für mich ist. Dass es eine geschenkte Stunde ist, in der ich tagsüber sitzen darf. Mir fielen unsere ewigen Redaktionswitze ein, dass man erst gegenüber dem Gefängnis sitzt und dann gegenüber seinem Büro. Für mich ist dieser Witz zur Realität geworden.
Der Polizeibeamte, der mich begleitet, erklärt mir auf der Fahrt: ›Sie verstehen, Ihre Geschichte geht mich überhaupt nichts an. Mein Job sind die Schläger und Säufer.‹ Dabei nickt er in Richtung der Hochhäuser von Devyatovka, einer Siedlung mit schlechtem Ruf, die wir gerade passieren. Er fährt fort: ›Ich bin wie ein Kassierer im Supermarkt. Egal, ob du jemanden magst oder nicht, du musst alle nacheinander bedienen.‹ Ich nicke und verstehe. Ich bin

eine Packung Kekse auf dem Kassenband. Ich wurde gescannt, es wurde der Barcode ›Extremismus‹ gelesen und ich somit auf die Route für Schuldige geschickt. Ich existiere nicht mehr. Alles klar, ich bin einfach eine Kekspackung.

Auf dem Revier wurde ich zunächst in das sogenannte Affenhaus gebracht. Das ist die Arrestzelle, in der alle zusammensitzen, die im Verlauf des Tages verhaftet wurden, bevor entschieden wird, wie und wohin sie verteilt werden.

Der quadratische, fensterlose Raum hat graue Wände und zwei Bänke. Auf einer schläft eine Frau, zusammengerollt. Es riecht furchtbar nach Schweißfüßen und ungewaschenem Körper. Aber nach einer halben Stunde habe ich mich daran gewöhnt. Die Frau ist aufgewacht und flucht fürchterlich. Es stellt sich heraus, dass sie auf die Toilette muss. Sie wird hinausgeführt. Dabei fängt sie an zu singen, ein Lied, das meine Seele und mein Trommelfell malträtiert: ›Du bist zu mir gekommen, du warst einfach plötzlich da./ Du hast mich zärtlich geküsst/ Und meinen Rücken gestreichelt./ Du hast mein Leben zerstört/ Meine Blume hast du gepflückt und sie verbraucht/ Aber egal, ich liebe dich immer noch/ Auch wenn mein Herz dunkel ist./ Gibt mir noch einen Wein/ Obwohl ich weiß, dass ich betrunken bin/ Gibt mir noch Wein, alles egal/ Mein Leben ist vorbei.‹

Woher kennst du dieses Lied, frage ich sie später. Sie heißt Katjuscha. ›Das ist mein Leben‹, antwortet sie, ›und deshalb singe ich es.‹ Wir lernen uns kennen. Sie will wissen, warum ich hier bin. ›Du bist so sauber, warum hat man dich eingesperrt? Ich habe unter einem Busch geschlafen, also haben sie mich mitgenommen. Aber was machst du hier? Ah, ich weiß, dein Schwiegersohn, der Arsch, oder seine Frau, deine Tochter, die Schlampe, haben dich aus dem Haus geworfen? Oder war es dein gemeiner Enkel?‹

Katjuscha erzählt mir von ihrem Schicksal, dass sie eine Tochter zur Welt gebracht hat, obwohl Ärzte ihr gesagt hatten, sie sei unfruchtbar. Dass sie das Mädchen allein großgezogen und ihr gestohlene Schuhe und Kleider in jeder Farbe mitgebracht hat. Dass sie wegen Nichtzahlung des Unterhalts für ihre Tochter an ihren Mann zwei Jahre im Gefängnis saß. Dass sie nach der Entlassung ihre Eltern begraben und an deren Grab eine gestohlene Bank hingestellt hat.

Ich weiß nicht, wie ich Katjuscha die politische Lage in unserem Land, das Internet und den Extremismus erklären soll. Diese Dinge kommen in ihrem Leben nicht vor. Genauso wie bei mir weder Schwiegersohn noch Enkel vorkommen, die mich aus dem Haus werfen könnten. Egal, wir sitzen Seite an Seite im Affenhaus. Wir teilen graue Wände, zwei Bänke und ein trauriges Lied. Katjuscha sagt zu mir: ›Du siehst, dass ich betrunken bin, natürlich, ich bin besoffen. Gieß mir noch etwas Wein ein, damit ich das dreckige Leben trinken kann.‹

Ich muss sagen, als ich zusammen mit dieser Frau gesessen und ihr zugehört habe, empfand ich unsere Begegnung als Geschenk. Nie zuvor hatte ich eine Gelegenheit gehabt, mich mit einer Frau mit ihrem Lebenslauf zu unterhalten, noch nie hatte ich Kontakt gehabt zu so einer Lebenskünstlerin. Es hat mich auf gewisse Weise fasziniert, wie unterschiedlich unsere Geschichten waren. Unter normalen Umständen wären wir uns nicht begegnet.

Im Affenhaus hatte ich das Zeitgefühl verloren. Ich wusste nicht, wie lange ich dort schon war, als man mich hinausführte. Im Bus meinte der Fahrer, dass wir zu einer ungünstigen Stunde im Gefängnis ankommen würden, um diese Zeit müsse man lange warten, deshalb fahre er besser noch eine Runde durch die Stadt. Es war ein seltsamer Moment, kurz bevor man ins Gefängnis muss, noch einmal die Stadt zu sehen, das normale Leben auf den Straßen. Plötzlich entdeckte ich eine Bekannte, dann jemanden aus der Redaktion. Da wusste ich, dass ich nicht mehr Teil ihrer Welt war.

Auf dieser Fahrt konnte ich noch unbehelligt einfach dasitzen. Mir war nicht klar, was für ein Privileg das ist. Ich wusste nur, dass ich in dieses berüchtigte Gefängnis kommen würde, zu dem noch kein Journalist von uns jemals Zugang gehabt hatte. Trotz meiner unerfreulichen Lage war ich neugierig, wie es drinnen aussah. Früher war es ein Jesuitenkloster gewesen.

Eine junge Frau mit langen Haaren, sorgfältig geschminkt und mit manikürten Fingernägeln nimmt bei mir die Leibesvisitation vor und überprüft meine Kleidung. Ich muss mich nackt ausziehen, dann drei Mal vorbeugen, alles wird untersucht, auch meine sämtlichen Körperöffnungen. Dann werde ich dem diensthabenden Offizier übergeben. Ein Buch, ein polnischer Kriminalroman, ein Notizbuch, ein Stift, mein Reisepass werden in eine Tüte mit der Aufschrift ›7‹ gesteckt. Eine Glückszahl, sage ich mir. Einen warmen Pullover, Leggings und ein T-Shirt, Wechsel-Unterwäsche, ein Stück Seife, Zahnpasta und Zahnbürste, Gesichts- und Handcreme und meine Tabletten darf ich behalten. Die Medikamente werden allerdings vor der Zelle im Korridor aufbewahrt und zweimal täglich ausgegeben.

Ich betrete die Zelle und setze mich auf eins der Bettgestelle, aber sogleich öffnet sich die Eisentür, und ein Wärter verbietet mir das Sitzen: ›Du sollst den ganzen Tag stehen‹, verkündet er mir. Ich bin entsetzt. An der Decke bemerke ich eine Kamera, ich werde also beobachtet. Von Zeit zu Zeit gibt es merkwürdige Geräusche an der Eisentür – ein Wächter schaut durch das Guckloch. Es klappert, dann öffnet sich die Klappe: ›Willst du essen?‹ Ich verneine. Klirren. Die Klappe fällt zu. Nach ein paar Stunden erneut ein Klirren, die Klappe wird wieder geöffnet: ›Willst du ein Stück Brot?‹ Ich schüttele den Kopf. Dann höre ich eine Sirene. Es ist 22 Uhr. Klappern. Die Tür geht auf, ›Komm her, nimm dir hier eine Matratze, eine Decke und ein Kissen‹, weist mich der Wärter an. ›Du kannst bis 6 Uhr schlafen.‹

Das Kissen, die Matratze und die Decke riechen streng. Das Licht in der Zelle wird nicht ausgeschaltet. Aber ich kenne einen Trick: Den Mundschutz über die Augen schieben. Zweimal in der Nacht werde ich geweckt. Ich muss mit dem Gesicht zur Wand stehen und meinen Nachnamen, Vornamen, den Namen meines Vaters, mein Geburtsdatum und den Paragrafen, nach dem ich verurteilt wurde, nennen. Um 6 Uhr morgens werden Matratze, Kopfkissen und Decke wieder eingesammelt.

Am zweiten Tag werde ich gebeten, meine Weigerung der Nahrungsaufnahme schriftlich zu bestätigen. ›Schreib: Ich weigere mich aus einem bestimmten Grund zu essen ...‹, sagt der Wärter und schiebt mir ein Blatt Papier und einen Stift durch die Klappe. Der Grund meiner Essensverweigerung ist Protest. Ich protestiere gegen die rechtswidrige Inhaftierung und die unmenschlichen Bedingungen der Haft. Es gibt aber noch einen weiteren Grund, und zwar Selbstschutz. Über das Gefängnisessen habe ich schon viel gehört. Ich glaube, es würde meiner Gesundheit mehr schaden als drei Tage fasten. Ich bin mir nicht sicher, ob mein Darm die fragwürdige Kost verkraftet. Ich will das Risiko nicht eingehen, zu allen anderen Übeln in meiner Lage auch noch Bauchschmerzen zu bekommen.

Auf das Blatt schreibe ich lediglich: Ich weigere mich zu essen. Ich unterschreibe mit Datum. Sie wissen schon, warum ich nichts essen will. Meine Beine sind geschwollen, vom Wasser, die Nieren arbeiten nicht richtig. Ich will keine zusätzlichen Schmerzen, das würde ich nicht aushalten. Um den Tag zu strukturieren, führe ich Routinen ein: nach dem Aufstehen Hände mit Wasser und Seife waschen. Ich gebe mir selbst Befehle: Jetzt putz dir die Zähne. Mach deine Haare. Trag die Creme auf.

Die Augen sind geschwollen, anscheinend reagiere ich allergisch auf das unsaubere, feuchte Kissen.

Dann geht's weiter: Mach Gymnastik, das ist wichtig für die Gelenke. Dehne deine Muskeln, reibe deine Haut. Und noch mal: eins, zwei, drei, vier, fünf. Ich laufe in der Zelle von Wand zu Wand und zähle die Schritte. Acht Schritte in eine Richtung.

Unterwegs lese ich den Aufkleber an der Wand: ›Feige und Sakura Duschcreme-Gel. Mit Feigensaft.‹ Sechs, sieben, acht. Umkehren. Eins, zwei ... ›Prinzessin Kandy, Ceylon Tee. Einhundert Beutel.‹ Die Packung ist am Deckel an der Wand befestigt. Drei, vier, fünf, sechs, sieben, acht. Kehrtwende. Es gibt sehr wenige Buchstaben in der Zelle, ich kenne sie schnell alle auswendig. An den Wänden fallen mir Farbreste von blassem Gelb und Grün auf, die Hauptfarbe ist Grau. Es ist Schimmelpilz, der sich auf den meterdicken

Wänden ausgebreitet hat. Ich interpretiere die Flecken an den Wänden in der Manier impressionistischer Eindrücke wie in der Kindheit, ich sehe Wolkenformationen am Schimmelhimmel. Da, ein Hase mit einer Blume zwischen den Zähnen. Dort Engel mit Trompeten, wie in der Kathedrale von Grodno. Die Streifen da erinnern an eine Seelandschaft mit Sonnenuntergang. In einer Ecke, wo besonders viel Schimmel ist, tauchen neue Fantasiebilder auf: Pflanzenmotive, geometrische Muster, Radierungen gehen ineinander über. Ein Auge starrt mich an. Eine Hand wird mir entgegengestreckt. Blumen. Bäume. Es ist fast wie in einer Kunstausstellung. Über der Toilette befindet sich ein Netz aus Rissen und roten Schlieren. Farblich ähnelt es alten Herbarien. Blasse, rostige Streifen wie Farne an Aststümpfen. Die Herbarien hängen im Apothekenmuseum, nur ein paar Meter von meiner Zelle entfernt.

Ich höre wieder das Klappern an der Tür. ›Komm her. Hände hinter den Rücken.‹ Dies bedeutet, dass man sich umdrehen, sich der Tür rückwärts nähern und seine Hände durch die Klappe strecken muss, damit die Handschellen angelegt werden können. Erst dann wird die Tür geöffnet. Ich werde eine eiserne Treppe mit gewellten Stufen hinuntergeführt. Das Geländer ist mit grün lackierten Eisenstäben verziert, auf ihnen Gänseblümchen. Runde weiße Blütenblätter mit einem gelben Kreis in der Mitte. Wie Kinderzeichnungen.

›Rechts. Gesicht Richtung Wand. Nach vorn.‹

Schließlich werde ich durch eine offene Tür geführt. Am Tisch sitzt mein Anwalt. ›Hinsetzen.‹ Der Anwalt bittet darum, dass mir die Handschellen nach vorn gelegt werden. Erst jetzt sehe ich meine Armreifen, schwarzes Metall mit Schlossfedern.

Die Wache geht, und ich kann meine Tränen nicht zurückhalten. Wir sprechen leise. ›Wie geht es dir?‹

Ich versuche zu lächeln, was soll ich antworten. ›Wie geht es draußen?‹

›Alles gut. Man macht sich Sorgen um dich. Über den Prozess ist nichts bekannt. Der Fall wurde noch nicht der Staatsanwaltschaft übergeben. Wie hältst du das aus, den ganzen Tag auf den Beinen? Sind die Schuhe auch bequem?›

Ich erzähle von der Kunstgalerie in meiner Zelle, den schimmeligen Hasen und Engeln, von Katjuschas Liedern im Affenhaus, von den acht Schritten, meiner Gymnastik, den Atemübungen, von allem, was den Tag ausfüllt.

Gut, dass ich bestimmte Bücher gelesen habe: Viktor Frankls Erinnerungen an das KZ und Anatoli Rybakows *Die Kinder vom Arbat*. Und Filme über Gefangenschaft und Konzentrationslager gesehen habe. Menschlich zu bleiben ist essenziell. Alle raten das Gleiche: nicht aufgeben und tun, was man tun kann. Hände waschen, Zähne putzen, Kleidung wechseln. Danach leise singen, sich vielleicht an ein Gedicht erinnern. Man hat immer die Wahl, ob man die Hände wäscht oder nicht, Zähne putzt oder nicht. Die Wahl ist es – der Mensch bleibt Mensch, solange er die Wahl hat.

Wenn ich mit dem Anwalt spreche, darf ich sitzen. Wir reden so lange wie möglich. Ich kann eine Stunde sitzen. Eine Wohltat.

Ich habe Tränen in den Augen, als ich aufstehen und gehen muss. Die Handschellen werden mir wieder auf dem Rücken angelegt. Wieder gehe ich die Treppe hinauf, an den unschuldigen Gänseblümchen vorbei. Ich trage ein langes, warmes Kleid. Es ist nicht leicht, mit dem Kleid die Treppe hochzugehen, ich versuche es von hinten anzuheben, befürchte zu fallen, auch weil ich nicht mehr viel Kraft habe.

Nach dem Treffen mit dem Anwalt wird mir befohlen, meine Sachen zu nehmen, ich bekomme eine andere Zelle. Diese Zelle gleicht der ersten, aber das Fenster ist ein bisschen auf! Vom Himmel ist zwar nichts zu sehen, denn das Fensterglas ist blickdicht. Das Atmen fällt jedoch leichter, und die Wände sind weniger verschimmelt. Ich höre Hundegebell und – oh Wunder! – das Schlagen der Kirchturmuhr.

Die Zelle ist für vier Personen ausgelegt. Es gibt zweistöckige Pritschen, dazwischen ist weniger als einen Meter Platz. Auch hier sind es acht Schritte von Wand zu Wand. Neben der Tür befindet sich eine Toilette und ein Waschbecken, darüber ein Stück Spiegel an der Wand. Gegenüber der Tür, direkt unter der Decke, ist das vergitterte Fenster. Das Fenster ist oben gebogen, passt sich so in die gewölbte Decke ein. Dieser Bogen prägt sich mir ein. Das Buch, das mir gut die Zeit vertrieben hätte, mein Notizbuch mit Stift durfte ich nicht mitnehmen. Das an Text gewöhnte Auge der Redakteurin sucht überall nach Buchstaben. Die Tagesordnung hängt an der Tür über der Klappe. Sie hat nicht viele Buchstaben. Obwohl, nach einiger Zeit offenbart sich eine zweite Schicht, versehen mit den Autogrammen ehemaliger Inhaftierter. So steht in Druckbuchstaben am Kopfende der Pritsche ›Amanita‹, darunter ›Irma‹, weitere Botschaften finden sich in der Nähe der Tür. ›Glück für alle‹ von Julia, ›Um den Regenbogen zu sehen, muss man den Regen abwarten‹ von Natasha. Hier und da entdecke ich Daten. Die letzten sind von Juni 2020. Offenbar wurde danach den Inhaftierten der Stift weggenommen.

Der nächste Morgen beginnt wie gewohnt mit dem Geheul der Sirene. Am dritten Tag erscheint sogar die Gefängnisroutine normal. Auch an solchen Orten leben Menschen. Ich gebe mir Anweisungen: aufwärmen, dehnen, ein bisschen tanzen. Dann waschen, eincremen. Plötzlich höre ich Schritte, und die Klappe an der Tür wird geöffnet: ›Nimm deine Sachen.‹

Wenig später im Büro heißt es dann: ›Unterschreiben Sie, dass Sie Ihre Sachen zurückerhalten haben.‹ Mein Buch, das Notizbuch, Stift und Reisepass werden aus der ›Glückstüte‹ Nummer 7 vor mir auf den Tisch gekippt.

›Kommst du wieder?‹, fragt mich der diensthabende Offizier. Was soll ich ihm antworten? Dass es nicht meine Entscheidung ist? Kriminelle werden immer gefasst.

Der Polizeibus fährt mich wieder durch die Stadt. Wie schön Grodno doch ist! Allerdings fährt der Bus nicht zum Gerichtsgebäude, sondern biegt ab auf den Hof der Abteilung für Innere Angelegenheiten der Polizei im Bezirk Leninsky. Auf diesem Revier soll also die Verhandlung über die Bühne gehen. Das ist nicht legal, eine Gerichtsverhandlung muss in einem öffentlich zugänglichen Gebäude stattfinden. Es wird also niemand von *Wjasna*, der Menschenrechtsorganisation, dabei sein, um meinen Prozess zu dokumentieren. Auch meine Verteidigerin wurde von dem Termin nicht in Kenntnis gesetzt. Auch sie kommt nicht.

›Setzen Sie sich!‹

Der Polizist zeigt auf eine Stuhlreihe.

›Der Richter wird in ungefähr einer Stunde eintreffen.‹

›Kann ich mein Buch mitnehmen?‹, frage ich.

›Es hängt davon ab, was es ist‹, antwortet der Beamte.

Ich zeige ihm meinen polnischen Krimi. Auf dem Umschlag sind Perlen und schmale, weibliche Hände mit dezenten Blutspuren. Die Handlung umfasst alles, was ich mag. Ein intelligenter Profiler hat eine Affäre mit einer Staatsanwältin, und dies vor dem Hintergrund mysteriöser Morde und Verbrechen, die beide gemeinsam sicherlich aufklären werden.

Der Polizist zeigt sich großzügig. Einfach dasitzen und ein Buch lesen, das tut so gut! Vor allem vor einer Verhandlung und insbesondere, wenn man keine Ahnung hat, welche Strafe einen erwartet. Eine Geldbuße oder erneute Haft? Nach einer Stunde erscheint der Richter mit einem Assistenten. Wir brauchen nicht lange, nach 15 Minuten ist es vorbei. Ich stimme allem zu: 400 Euro, also 25 Tagessätze. Dann kann ich endlich raus.

Mit einer Tasche in der Hand gehe ich die Straße entlang. Ich habe das Gefühl, als würde mich eine Aura von schimmligem Muff umgeben. Ich frage einen Passanten, ob ich sein Handy nutzen darf, um jemanden anzurufen, der mich abholt. Ein Redaktionskollege kommt, mein Mann ist zur Behandlung im Krankenhaus.

Eine Woche später kaufe ich mir Haarfarbe. Die Verkäuferin sagt: ›Ich habe Sie im Internet gesehen. Danke für Ihre Arbeit.‹ Später treffe ich einen Nachbarn: ›Wir haben uns solche Sorgen gemacht um dich! Vielen Dank!‹ Als ich einen Gottesdienst besuche, höre ich hinter meinem Rücken: ›Das ist die Journalistin, die eingesperrt wurde.‹ Ich trinke Kaffee mit einem Kollegen, und als ich bezahlen will, sagt der Kellner: ›Nicht nötig. Es ist bereits bezahlt.‹ Es ist unglaublich. In der Woche nach meiner Entlassung erfahre ich so viel Zuwendung von Bekannten und von Fremden wie schon lange nicht mehr.

Wer amerikanische Knast-Filme gesehen hat, wird vom Gefängnis in Grodno enttäuscht sein. Speziell bei ›politischen‹ Vergehen. Bücher, Hofgänge, Hygieneartikel sind Wünsche von Schwächlingen. Leute mit solchen Erwartungen sind im Gefängnis von Grodno besonders schlecht aufgehoben. Es ist also angeraten, Rybakow, Shalamow und Mandelstam, die Genies unter den Gulag-Erfahrenen, vorher noch einmal zu lesen.

Woran ich im Gefängnis keine Sekunde zweifelte, war, dass meine Kollegen, Freunde und Verwandte nach wie vor zu mir standen. Ich wusste genau, was in der Redaktion los sein würde, wenn das von uns für Gefahr verabredete Signal Anwendung fand.

Viel schwerer war es, mit meinem Schuldgefühl umzugehen. Mir war der Fehler unterlaufen, durch den die Redaktion in Schwierigkeiten geraten war. Die Fähigkeit, die Dinge objektiv betrachten zu können, half mir. Ich bin nicht der Nabel der Welt, das Universum dreht sich nicht um mich. Die Ursache der Probleme bin nicht ich, sondern das sind die, die Gesetze brechen und sinnlose Befehle ausführen.

Das Erste, was ich nach der Haftentlassung zu Hause gemacht habe, war duschen. Ich schrubbte den Geruch der Zelle ab. Am nächsten Tag unternahm ich einen Spaziergang durch die Stadt. Ich betrachtete die Leute, schaute mir Obst und Gemüse auf dem Markt an, spürte das Kopfsteinpflaster unter den Sohlen meiner Sandalen, trank einen Kaffee und aß alle möglichen Süßigkeiten direkt aus der Hand. Als ich die Sovetskaya-Straße entlangging, hörte ich das Schlagen der Kirchturmuhr und drehte mich um. Aus dem Augenwinkel entdeckte ich im zweiten Stock des weißen Gefängnisgebäudes das halbrunde Fenster. Es hatte etwas Vertrautes.

Ich erstarrte mit dem Stück Gebäck in meiner Hand. Genau dort hatte ich gesessen. Jetzt stand ich draußen davor. Wer wohl in diesem Moment drinnen saß? Es war immer jemand in dieser Zelle. Und ich würde nicht länger so tun können, als ob ich nichts davon wüsste.«

Kurz nach der Haftentlassung hat Iryna Novik ihre ärztlichen Untersuchungsergebnisse bekommen. Sie waren nicht gut, und Iryna musste für einige Tage ins Krankenhaus. Eine Chemotherapie musste begonnen werden, die ein Jahr lang durchgeführt werden sollte. Iryna verließ Grodno jedoch nach der ersten Chemo, die nächsten Therapiestunden haben dann in Vilnius stattgefunden. Danach wohnte Iryna eine Zeit lang im georgischen Batumi, bevor sie wieder nach Litauen zurückkehrte. Sie trägt eine Kurzhaarfrisur, bis vor Kurzem noch ist ihr Kopf kahl gewesen.

»Ich bin mit einer Glatze herumgelaufen. Es hat mir nichts ausgemacht. Im Gegenteil, die Leute meinten, dass ich eine schöne Kopfform hätte. Ich habe mich gezeigt, wie ich bin. Ich habe mir lange, extravagante Ohrringe gekauft und beschlossen, auch den Krebs einfach als Erfahrung hinzunehmen. Ich war neugierig, wohin mich diese Reise führen würde.

Ich war zunächst zwei Wochen in Vilnius, bei Freunden, die mich zu sich eingeladen hatten, um mich etwas zu erholen nach dem Arrest und der Chemo. In diesen zwei Wochen, Ende Juni 2021, wurden das Portal Tut.By und die Zeitung *Nascha Niwa* verboten und die Verantwortlichen verhaftet. Als ich davon erfuhr, habe ich entschieden, im Ausland zu bleiben. Ich hatte nur einen kleinen Koffer, zwei Kleider, sonst nichts, und ich habe überlegt, wie es mit mir weitergehen soll.

Mittlerweile reise ich viel, um als Augenzeugin von den Verwerfungen in Belarus zu erzählen. In den letzten vier Monaten war ich in der Ukraine, in Litauen und Lettland, in Polen, Deutschland und Georgien.

Ich möchte mich nicht an einen Ort gewöhnen. Mein Leben plane ich entsprechend den Terminen für die Chemotherapie und den Einladungen zu politischen Veranstaltungen. Weihnachten haben wir mit der ganzen Familie in Batumi verbracht, denn man braucht kein Visum, um dort hinzureisen.

Nach meiner Ausreise ist noch etwas Besonderes passiert: Ich habe eine Verantwortung übertragen bekommen, die ich nicht gewählt, aber bereitwillig angenommen habe: für Journalisten in Not Unterstützung zu organisieren. Wenn ich helfen kann, engagiere ich mich, wie zurzeit in Berlin.

In Belarus habe ich Journalistik-Studierende unterrichtet und ihnen beigebracht, dass man Fakten immer auf unterschiedliche Weise darstellen kann. Daran musste ich denken, nachdem ich mich entschlossen hatte, nicht zurückzukehren. So gab es eine gängige Übung mit dem Märchen vom Rotkäppchen. Die Geschichte sollte einmal als Nachricht verfasst werden, dann als Krimi und schließlich als Romanze.

Mir ist auch das Prinzip der Heldenreise eingefallen, und ich habe mich gefragt, wie meine Heldenreise aussehen könnte. Welche Form sollte ich für mich wählen? Eine Tragödie, bei der eine Flüchtende alles verliert? Oder eine Abenteuergeschichte, bei der ich alles Alte hinter mir lasse und mich mit einem kleinen Koffer aufmache, um eine neue Welt zu entdecken? Ich bin Bauingenieurin, Ehefrau und Mutter und habe als Lehrerin und Journalistin gearbeitet – diese Lebensphase liegt hinter mir. Auch jetzt habe ich die Wahl, wie ich mich fühlen und welche innere Reise ich beginnen will. Die Wahl zu haben ist für mich existenziell, nicht nur politisch, auch persönlich. Nach den gefälschten Wahlen in Belarus hatten wir keine Wahl, man hat uns die Wahl genommen. Deshalb ist die persönliche Wahl umso bedeutender, und die werde ich mir niemals nehmen lassen. Auch nicht im Gefängnis. Man hat immer die Wahl.«

Diana Ignatkowa (geb. 2002)

ZWISCHEN EUPHORIE UND TIEFER TRAUER

Diana ist 20 Jahre alt und Studentin der Kunsthochschule in Minsk. Nach der gefälschten Wahl in Belarus hat sie sich in der Protestbewegung engagiert, sie hat Internetseiten der Studentischen Opposition verwaltet und gehörte zu den Gründern der belarussischen Student Art Association (SOI). Sie ist noch nie im Leben geflogen. Zum ersten Mal war sie über den Wolken, als sie ihre Heimat verlassen musste. Am 21. März 2021 bestieg sie ein Flugzeug Richtung Warschau. Im Gepäck hatte sie nur das Notwendigste für sich selbst, sowie Bilder und Musikinstrumente ihrer Freunde. Dafür musste ihr warmer Wintermantel zu Hause bleiben. Der Mantel, der ihr beim Verhör gute Dienste geleistet hatte ...

»Die Ausreise kam für mich sehr plötzlich. Innerhalb von zwei Tagen habe ich die Entscheidung getroffen und mir ein humanitäres Visum für Polen besorgt, nicht zuletzt, weil einige meiner Freunde bereits in Warschau waren. Am 21. März habe ich dann im Flugzeug nach Warschau gesessen.«

Ihre Geschichte erzählt mir die Studentin der Malerei im Café des Warschauer Theaters *Teatr Nowy* in Mokotów. Diana trägt ein braunes Kleid mit Rollkragen. Ihre braunen Haare werden von einer Spange zusammengehalten, ihre Augen sind groß und wach. Sie hat ein markantes Gesicht, das man nicht so leicht vergisst. Diana kommt zu unserem Treffen aus dem Stadtteil Praga auf der linken Seite des Weichselufers. Dort teilt sie sich ein Zimmer mit einer Freundin, die ebenfalls aus Belarus stammt. Die beiden verstehen sich gut. Der Raum des Cafés gefällt ihr, Diana war zuvor noch nicht in diesem Theater. Sie ist immer noch dabei, Warschau zu erkunden. Die Buchhandlung im Café und eine ungewöhnliche, schwarze Madonna aus Holz, die über einer Stadt thront und deren Geschlecht von Edelsteinen gesäumt ist, ein Kunstwerk von Pawel Althammer, scheinen die richtige Kulisse für unser Gespräch zu sein. Diana schaut sich erstaunt um. An einem Tisch in der Nähe besprechen zwei Frauen ein Buchprojekt, hinter der Wand des Cafés hört man Musik: Im Theater wird geprobt. Wir sitzen auf einem roten Sofa und trinken Ingwertee mit Orangenschalen und Minze. Ich frage Diana nach ihrer Familie.

»Ich bin ohne Geschwister aufgewachsen. Als Kind war ich sehr verantwortungsvoll, ein vernünftiges Mädchen. Mein Vater hatte eine Stelle in Tula, in die Nähe Moskaus, angenommen. Meine Mutter und ich sind ihm gefolgt und haben dort zwei Jahre mit ihm zusammengewohnt. Ich kann mich erinnern, dass ich ungefähr fünf Jahre alt war, als meine Mutter wieder arbeiten wollte. Aber ohne die russische Staatsbürgerschaft konnte sie keinen Platz für mich in einem Kindergarten bekommen, außerdem hat meine Mutter nicht gern in Russland gelebt. Sie ist mit mir nach Belarus zurückgegangen. Mein Vater hat uns jahrelang besucht, aber er ist nicht für immer geblieben. Die Ehe ist schließlich auseinandergegangen.

Aber ich habe einen Onkel, der eine wichtige Rolle in meinem Leben spielt und quasi die Vaterrolle übernommen hat. Siarhej hat mich sehr geprägt. Obwohl ich ihn nicht so oft gesehen habe, weil er in der Ukraine lebt, hat er mir bei jedem seiner Besuche sehr viel gegeben.

Siarhej ist ein echter philosophischer Lebenskünstler. Er sucht im Leben nicht nach Vertrautem, sondern er möchte das Leben immer wieder neu wahrnehmen. Meine Mutter ist anders als er. Für sie sind materielle Werte wichtig, sie sucht Komfort und Sicherheit, während mein Onkel viel ausprobiert. Manchmal kam er für mehrere Monate zu uns. Und selbst wenn wir uns lange nicht gesehen hatten, haben wir immer sofort eine gemeinsame Ebene gefunden. Wenn meine Mutter bedauerte, dass ich ohne Vater aufwachsen würde, habe ich ihr geantwortet, dass mein Onkel wichtig für mich sei und mir guttue, wäre ich mit meinem Vater aufgewachsen, ohne den Einfluss von Siarhej, wäre ich wahrscheinlich eine andere geworden.«

Ich frage Diana, ob sie irgendwann schon einmal im Ausland gewesen ist.

»Ja, 2015 haben wir einen Schulausflug nach Clermont-Ferrand gemacht. Meine alte Schule in Gomel liegt an der Straße, die nach dieser französischen Stadt benannt ist, außerdem ist Clermont-Ferrand die Partnerstadt von Gomel, und deshalb fahren die Schüler manchmal dorthin.

Ich erlitt einen Kulturschock auf dieser Reise, eigentlich zwei. Ich muss oft an die Eindrücke von damals denken. Französisch war zwar die Fremdsprache, die ich an diesem Gymnasium gelernt habe, aber das war eher Zufall, ich wollte gar nicht diese Sprache beherrschen, es war lediglich ein Schulfach für mich. Eigentlich habe ich es sogar gehasst. Französisch ist melodisch, aber wenn man in Belarus lebt, ist es nicht unbedingt so, dass man nach Paris reist. Erst während der Klassenfahrt nach Clermont-Ferrand habe ich einen Eindruck davon bekommen, wofür Frankreich steht. Zuvor hatte ich mir nicht vorstellen können, dass Menschen so schön leben.«

Diana erzählt, dass die Klasse aus 15-jährigen Schülerinnen und Schülern mit dem Bus nach Frankreich gereist ist, sie waren Tage unterwegs. In Deutschland haben sie in einem Dorf eine Pause gemacht. Sie haben sich Zeit gelassen und sind dort spazieren gegangen. Auf diesem Spaziergang hat Diana Ignatkowa ihren ersten Kulturschock erlebt. Sie schaut hoch zur Decke, während sie nach den inneren Bildern dieser Reise sucht.

»Das Dorf war sehr sauber und gepflegt, die Häuser und Grundstücke waren nicht eingezäunt. Leider kann ich mich nicht erinnern, wo das war. Unser Lehrer hatte beschlossen, uns dieses Dorf zu zeigen. Und wir konnten es zunächst nicht fassen, warum wir irgendwo ein Dorf besichtigen sollten. Für uns waren Dörfer nicht besonders interessant, Orte eben, wo ältere Menschen ihre letzten Jahre verbringen, wo Kühe oder Schweine auf den Wiesen grasen. Doch dieses deutsche Dorf hat uns erstaunt. Wir haben gepflegte, hübsche Häuser gesehen, überall Blumenbeete, alles war so adrett. Die Dorfbewohner hatten sogar Gartenzwerge und andere Dinge im Vorgarten, obwohl es keine Zäune gab, sie schienen keine Angst zu haben, dass ihnen etwas gestohlen werden könnte. Alles schien so friedlich. Ich habe verstanden, dass man sich dort vor Aggression oder Vandalismus nicht zu schützen brauchte.

Dieses Dorf hat mich sehr beeindruckt. Es ging nicht nur um diese gepflegten Häuser, sondern auch um die Ruhe, das Vertrauen, ein anderes Verhältnis zur Schönheit, die nicht reflexhaft zerstört wird.«

Und der zweite Kulturschock, waren es vielleicht Schnecken zu Mittag in Frankreich?, frage ich, nachdem sich Diana so angetan von den deutschen Gartenzwergen gezeigt hatte. Sie erzählt von der Gastfamilie, bei der sie untergebracht worden war.

»Ich hatte eine Brieffreundin in Frankreich und bei ihrer Familie habe ich gewohnt. Sie waren sehr nett, haben extra für mich einen Ausflug in die Umgebung von Clermont-Ferrand organisiert. Wir sind gewandert und haben Kirchen und Ausstellungen besichtigt. Es war so wunderbar, diese Verbindung von Natur und Kunst. Das hatte ich zuvor noch nie so erlebt.«

Ich bin überrascht, Gomel, die Stadt, aus der Diana kommt, liegt am Sosch, einem Fluss mit wunderbaren, langen Sandstränden, ein Paradies im Sommer. Diana bestätigt das, sagt aber:

»In der Natur zu sein bedeutet bei uns, Schaschlik zu grillen. Diese Verbindung von Wandern und Kultur war neu für mich, ich habe verstanden, dass man die Natur bewusst genießen kann. Das war eine ganz andere Art, draußen zu sein. In meiner Heimatstadt, am Ufer der Sosch, wird laut Musik gehört, Bier getrunken... Es ist allgemein sehr laut, der Mensch beherrscht die Landschaft. Naturbetrachtung ist da nicht möglich und auch nicht üblich. Wir haben aber noch ein anderes Problem. Gomel gehört zu den von der Tschernobyl-Katastrophe am stärksten radioaktiv belasteten Regionen von Belarus. Schilddrüsenkrebs gehört zu den am häufigsten diagnostizierten Erkrankungen.

Viele der Wälder um Gomel sollen immer noch nicht betreten werden, es sollen keine Pilze gesammelt werden. In der Auvergne kann man hingegen in aller Ruhe die Landschaft erkunden, Kunst, Architektur und Blaubeeren genießen.

Ich verfasse Texte für die Webseite unseres Studierendenvereins über diese Art, seine Freizeit zu verbringen. Ich versuche die Menschen dazu zu motivieren, in Ausstellungen zu gehen und sich so zu entspannen. Kunst ist für alle da, jeder kann sie genießen. Manche glauben leider, die Kunst sei nichts für sie, aber das entspricht nicht der Wahrheit. Das Besondere in Frankreich war für mich, dass Naturliebe und Kultur sich nicht ausschließen. Bei uns, wenn überhaupt, ist man entweder in der Natur oder man interessiert sich für Kunst. Beides zusammen kommt höchst selten vor.«

Dianas Mutter, eine Architektin, war politisch nicht aktiv. Erst im August 2020, vor der Wahl, ist Diana mit dem politischen Geschehen in Berührung gekommen, als sie sich zur Wahlbeobachtung gemeldet hat.

»In diesen Tagen habe ich auch die belarussische Bürokratie kennengelernt, als man mich nicht in das Wahllokal in Gomel lassen wollte, obwohl ich als Wahlbeobachterin offiziell angemeldet war. Ich hatte alle Dokumente dabei, die mir allerdings aufgrund der Repressionen nichts nutzten. Das war eine besondere Erfahrung.

Bei der Wahl gehörte ich zu jenen, die als Erste die Ergebnisse sehen sollten. Die Wahlkommission war dazu verpflichtet, die Ergebnisse am Abend des 9. August auszuhängen. In meinem Wahlbezirk war ich die einzige unabhängige Beobachterin, es gab aber noch eine Gruppe von zehn staatlichen Beobachtern. Wir hatten die gleichen Rechte, wir waren alle akkreditiert. Allerdings hatten die staatlichen Wahlbeobachter noch eine Sonderaufgabe: Sie sollten die unabhängigen Beobachter daran hindern, ihren Auftrag zu erfüllen. Die meisten unabhängigen Beobachter wurden erst gar nicht in das Wahllokal hineingelassen. Die Stühle wurden entfernt, damit wir uns nicht hinsetzen konnten. Wenn es doch jemand geschafft hatte, in das Wahllokal hineinzukommen, wurde er gleich wieder von der Polizei herausgeführt.

Die Rechte der Bürger wurden an diesem Tag mehrmals missachtet. Uns wurden die letzten Illusionen über die Rechtsstaatlichkeit in Belarus genommen. Ich stand draußen, trug hohe Absätze und ein Kleid, ich hatte mich extra chic angezogen, um von den Polizisten mit Respekt behandelt zu werden. Immer wenn ich zum Wahllokal gegangen bin, auch an den Vorbereitungstagen, hatte ich mich geschminkt, hübsch angezogen und war höflich, um meine friedliche Gesinnung zu zeigen.

Am Abend kam noch meine Freundin mit ihren Eltern, wir waren ungefähr 15 Menschen, die mit Spannung vor dem Wahllokal auf Verkündigung der Ergebnisse warteten, die auf einem Plakat draußen angebracht werden sollten. Auch wenn aus irgendeinem Grund die Ergebnisse nicht ausgehängt wurden, war ich als Wahlbeobachterin dazu berechtigt, sie im Wahlbüro einzusehen.

Einige Tage vor der Wahl hatte ich einen Polizisten kennengelernt, der im Wahlbüro gearbeitet hat. Man konnte sich gut mit ihm unterhalten. Eigentlich hatte die Polizei Anweisung, nicht mit den Wahlbeobachtern zu sprechen, sondern sie distanziert und als »Staatsfeinde« zu behandeln. Dieser Polizist war jedoch anders als seine Kollegen und missachtete seine Vorgaben. Am Wahlabend war er auch anwesend. Er hat mich angesprochen, obwohl ihm das untersagt war, und mir geraten, nicht länger zu warten, denn die Wahlkommission hatte das Wahllokal geschlossen durch die Hintertür verlassen, die Kommissionsergebnisse würden nicht mehr veröffentlicht.

Nicht nur wir, die Wahlbeobachter, wurden hintergangen, die Wähler wurden hintergangen, das gesamte Volk wurde hintergangen.

Danach hatte ich eigentlich nicht die Absicht, schon allein wegen meiner Aufmachung, ins Stadtzentrum zu fahren, aber meine Freundin und ihre Eltern waren mit dem Auto da und haben mich mitgenommen. Das, was ich dann gesehen habe, war schrecklich. Solche Gewalt auf den Straßen hatte ich nie zuvor erlebt. In Gomel wurde nicht mit Gummigranaten geschossen, aber die OMON-Kräfte waren vor Ort. Die Menschen rannten in ihrer Panik hin und her, Schüsse fielen, es war furchterregend.

Nach der ersten Protestnacht wurde das Internet abgeschaltet. Drei Tage lang, am 9., 10. und 11. August 2020, war ganz Belarus ohne Netz. Manche konnten sich einen anderen Zugang zum Internet einrichten. Aber mir gelang das nicht, weil ich es verpasst hatte, mir rechtzeitig vor der Wahl die nötigen Informationen zu beschaffen. Ich habe nicht gewusst, wie man eine ausländische VPN im Handy einrichtet, mit der man sich über das russische Internet vernetzen kann. Deshalb habe ich dann unentwegt mit meinen Freunden in anderen Städten telefoniert, um zu erfahren, was dort los ist und wie es ihnen ergeht. Ich hatte große Angst um sie! Es war furchtbar, ohne Informationen zu sein. Nie zuvor hatte ich so viel mit dem Handy telefoniert wie in dieser Situation, weil unsere Generation sich lieber Nachrichten schreibt. Es waren sehr intensive Tage, wahrscheinlich wird sich so etwas in der Form nicht wiederholen in meinem Leben. Es war schrecklich und aufregend zugleich.«

Belarus ist nicht der erste Staat, der das Internet abgeschaltet hat. Während des Arabischen Frühlings wurde in Ägypten und Syrien ebenfalls für einige Zeit das Internet abgeschaltet. Diese Maßnahme durchzuführen ist nicht schwierig. Das Internet lässt sich mit einem Verkehrsnetz vergleichen. Die Datenströme verzweigen sich an Knotenpunkten, vergleichbar mit Straßenkreuzungen. Dort können Filter eingebaut und Ströme gekappt werden, dann ist das Internet ausgeschaltet. Es geht ganz einfach über die Router.

Diana wurde am 5. März verhaftet, zuvor hatte sie zusammen mit 40 anderen Studierenden an einer Versammlung in Minsk teilgenommen, auf der sie die Verteidigung ihrer Rechte diskutiert hatten. Diana betreute Accounts auf Telegram und Internetauftritte der Protestbewegung, die 2020 nach der Wahl in Belarus entstanden waren.

»Wir hatten gerade eine Versammlung an der Uni, und alle Teilnehmenden wurden von der Polizei überrascht. Wir wollten eine Organisation gründen zur Verteidigung der Rechte der Studierenden. Zunächst haben wir verschiedene Aktivitäten erwogen, Friedensproteste, subversive Aktionen. Aber dann dachten wir, auch wenn in Belarus das Gesetz nicht mehr zählt, probieren wir etwas, das legal ist, auf Grundlage des existierenden Rechts. Deshalb kam es zu dieser Versammlung, die auch legal war, wir haben nichts Verbotenes getan. Trotzdem wurden wir verhaftet und auf diverse Polizeiwachen in Minsk verteilt. Man ist nicht brutal mit uns umgegangen, keiner wurde geschlagen. Natürlich war es unangenehm, aber insgesamt verlief die Verhaftung ruhig. Wir wurden dann unterschiedlich behandelt. Manche wurden verhört, andere nicht. Wer schon mal eine Strafe erhalten hatte, zum Beispiel 15 Tage gesessen hat, bekam die gleiche Strafe erneut. Das betraf nur vier oder fünf Studierende, die anderen mussten nicht ins Gefängnis.

Ich wurde in ein KGB-Büro gebracht. In Belarus heißt dieses verhasste Organ immer noch so, wie in der UdSSR. Normalerweise dauert eine Vernehmung um die 20 Minuten, ich war viel länger dort. Es war mein Geburtstag, also trug ich auch an diesem Tag Pumps mit hohen Absätzen und ein Kleid. Aber ich habe dort im Mantel gesessen, ich habe mich gewissermaßen in ihm versteckt. Der Mantel war sehr weit, hell und warm, mit großem Kragen, ich fühlte mich in ihm geschützt. Die Hände hielt ich die ganze Zeit in den Taschen. Der Mantel verbarg auch meine Körpersprache, das hat mich beruhigt. Er hat mir geholfen, Distanz zu den KGB-Männern zu wahren. Gut, dass ich ihn nicht ausziehen musste. Ich saß also da mit den Händen in den Taschen und log wie gedruckt. Meine Hände waren jedoch schweißnass vor Nervosität. Ich hatte ein Lächeln aufgesetzt. Mit dem Gesicht kann man besser flunkern als mit dem Körper, der alles verrät: die Nervosität, die Angst, das Lügen. Ich wusste schließlich genau, was ich zu verbergen hatte.

Tatsächlich war ich in den Monaten nach der Wahl sehr aktiv gewesen, ich habe Accounts der Protestbewegung auf Telegram und Instagram verwaltet, ich habe verschiedene Initiativen an der Uni koordiniert. Den Staatsapparat stören am meisten die Aktivitäten auf Telegram, das ist ein rotes Tuch für den KGB in Belarus. Facebook und Instagram sind nicht so interessant für sie. Bei der Vernehmung wurde sofort in mein Handy geschaut und mein Telegram-Account überprüft. Sie glaubten, dass man bei uns nur auf Telegram politisch aktiv sein konnte. Das wussten wir natürlich und haben unsere Chats auf Telegram immer gleich gelöscht. Die gelöschten Inhalte kann nur ein Programmierer finden, ein normaler Polizist findet da nichts.

Ich hatte sogar eine ukrainische SIM-Karte, die ich für meine Aktivitäten genutzt habe. Es war nicht so leicht, von der einen, der belarussischen, SIM-Karte zur ukrainischen zu wechseln. Deshalb haben die Vernehmer sie nicht sofort gefunden. Auf der belarussischen SIM-Karte waren einige Fotos mit der weiß-rot-weißen Flagge, ein paar Nachrichten, aber keine Schlüsselinformationen. Ich habe sehr unschuldig getan, behauptet, niemanden zu kennen, nichts zu wissen. Ich habe mich richtig dumm gestellt. Vielleicht eine Stunde lang habe ich so glatt gelogen wie noch nie zuvor in meinem Leben. Lügen lehne ich eigentlich ab, und ich hatte bis dahin noch nie zu diesem Mittel greifen müssen.

Während des Verhörs habe ich mich selbst übertroffen. Doch leider haben sie dann die andere SIM-Karte gefunden. Darauf waren zwar keine Nachrichten, aber man konnte die anderen Accounts sehen. Die Karte steckte zwar nicht im Telefon, aber ich war mit ihrer Telefonnummer bei Telegram angemeldet. So hatte ich hin und her wechseln können.

In dem Moment, als sie die ukrainische SIM-Karte fanden, wusste ich, dass ich noch kreativer werden musste. Also erzählte ich den KGB-Männern, dass diese Karte nicht mir gehörte, sondern mich jemand gebeten hatte, mich mit dieser Nummer anzumelden. Die Geschichte war lang und kam mir ziemlich plausibel vor, sie stützte sich auf ein paar Fakten, die sie wahrscheinlicher erscheinen ließ. Keine Ahnung, woher ich die Details genommen habe. Das Gehirn arbeitet in einer solchen Situation anders als im Normalbetrieb. Aber es gab eine Sache, die mir Kopfschmerzen bereitete.

Im weiteren Verlauf des Verhörs wurde ich auf tückische Weise ausgefragt, und ich habe die Fassung verloren. Mit den Methoden des KGB war ich nicht vertraut, und obwohl ich mit großer Erfindungsgabe gesegnet bin, haben sie es geschafft, dass ich etwas preisgab, das ich für mich behalten wollte.

Zwei Monate, bevor wir verhaftet wurden, hatten wir schon keinen richtigen Unterricht mehr. Wir haben uns in Grüppchen getroffen. Die Nachricht von meiner Verhaftung machte jedoch schnell die Runde. So wurde sofort beschlossen, mich aus allen Aktivitäten zu nehmen und alle Chats mit mir zu löschen, damit der KGB nichts findet. Leider waren die Beamten aber schon so weit, dass sie alle Nachrichten auf meinem Handy nachverfolgen konnten. Auf der SIM-Karte haben sie die anderen Administratoren entdeckt und einen von ihnen, der ebenso wie ich einen Nicknamen verwendet hat, identifiziert. Ich hatte nicht mitbekommen, wie schnell ihnen das gelungen war, und habe weiterhin behauptet, dass ich niemanden der anderen Administratoren kennen würde.

Doch während einer der KGB-Beamten mein Handy durchsuchte, hat ein anderer bereits irgendwo angerufen, und im Handumdrehen hatten sie den Nicknamen gelüftet.

Die Männer hatten ihre Methoden, um mich langsam zu brechen. Sie haben mich nach dem ersten Buchstaben des Klarnamens gefragt, dann nach dem zweiten. Sie haben mich durcheinandergebracht, und ich konnte mich nicht mehr auf meine Aussage konzentrieren. Ich habe nicht bemerkt, dass sie den Klarnamen längst kannten.

Später habe ich viel über diese Situation nachgedacht und mich gefragt, was sie mit ihrer Verhörtaktik von mir wollten. Wahrscheinlich wollten sie mich provozieren, damit ich ihnen doch etwas verrate, die Wahrheit. Vielleicht war es ein psychologischer Trick, damit ich etwas bestätige und in eine Art »Kooperation« hineinrutsche. Die Tatsache, dass es mir dann passiert ist und ich den wahren Namen der Person mit dem Nicknamen bestätigt habe, bedrückt mich sehr. Bis heute macht mich dieser Verrat verrückt, auch wenn sie den Namen längst wussten, ich hätte standhaft und bei meiner Version bleiben müssen. Tja, es war mein erstes Verhör, ich war vollkommen unerfahren …«

Diana erzählt davon mit leiser Stimme, es fällt ihr schwer, mir von ihren Erlebnissen zu berichten. Sie tut es dennoch, sie will es endlich aussprechen. Dieses Mal gibt es keine Lügengeschichten, Diana erzählt die ganze Wahrheit.

»Die Freilassung hatte jedoch ihren Preis. Am Ende des Verhörs, das ich inzwischen im Kopf schon hundert Mal durchgegangen bin, stellte man mich vor die Wahl. Nun wurde ich gefragt: ›Wollen Sie hier leben oder wollen Sie ausreisen?‹ Ich antwortete, dass ich hierbleiben wolle. Daraufhin meinten sie, dass ich doch eine kluge Frau sei und sicherlich wüsste, welchen Weg ich einzuschlagen hätte.

Bis heute bin ich mir nicht sicher, ob sie mir hinter vorgehaltener Hand die Ausreise nahelegen oder mich zur Zusammenarbeit zwingen wollten. Dieser Moment war entscheidend für mich, denn er hat mein Leben geändert. Für mich fasste ich den Entschluss, dass ich nicht in Belarus bleiben würde. Dann wurde ein Video aufgenommen, ich wurde festgenagelt. Es ging darum, zu dokumentieren, wo ich gewesen war und was ich getan hatte. Ich habe mich schuldig bekannt. Mit schweißnassen Fingern hielt ich den Stift, der mir immer wieder aus der Hand gerutscht ist, und unterschrieb eine Erklärung, die mich zur Zusammenarbeit mit dem KGB verpflichtete. Ein Vernehmer gab mir einen Zettel und diktierte mir zwei Sätze: dass ich mich an keinen Organisationen mehr beteilige und sie informiere, wenn ich von irgendwelchen Aktionen erfahre. Als ich nachfragte, auf welchem Weg ich sie informieren soll, sagten sie: ›Keine Sorge, wir finden Sie.‹ Schon eine Woche später haben sie sich mit mir in der Nähe der Universität verabredet. Aber ich wusste, dass ich zu dem Termin schon außerhalb von Belarus sein würde.

Nach dem Verhör hatte ich bereits meine Dokumente aus der Uni geholt und mich exmatrikuliert. Ich war entschlossen auszureisen. Die Universität war zu diesem Zeitpunkt, sechs Monate nach den ersten Massenprotesten, kein guter Ort mehr. Es gab viele Studierende, die die Augen vor den Zuständen verschlossen, und wenn man sie auf das allgemeine Unrecht aufmerksam machte, meinten sie, dass sie sich nicht engagieren, sondern einfach nur abwarten wollten, was passiert. Ich war mit dieser Haltung nicht einverstanden, genauso wie mit der Haltung vieler Lehrender. Die Situation an der Universität war merkwürdig. Auch wenn man nicht zu den Protesten ging und im Hörsaal saß, konnten einem plötzlich provokante Fragen gestellt werden.

Während des Verhörs habe ich vor allem an meine Mutter denken müssen, die große Angst um mich gehabt hätte, hätte sie gewusst, in welcher Situation ich mich befand. Aber sie hat an dem Tag zum Glück keine Webseiten von NGOs besucht, auf denen die Namen von Verhafteten gemeldet werden. So hat sie gar nicht erfahren, dass ich festgenommen worden war. In Gomel war sie allein, sie hätte niemanden gehabt, der sie hätte beruhigen können.

Ich hatte befürchtet, dass ich für zwei Wochen ins Gefängnis komme, aber das ist nicht geschehen. Ich hatte mir mehr Sorgen um meine Mutter gemacht als um mich, obwohl eine Sache mich beunruhigte: Ich war für das Gefängnis nicht richtig angezogen, zwei Wochen auf High Heels – das wäre mit Sicherheit unbequem geworden.«

Nach dem Verhör übernachtete Diana Ignatkowa bei einer Freundin, im Studentenwohnheim hätte sie sich nicht sicher gefühlt. Am nächsten Tag rief sie ihre Mutter an, froh, ihr von der Freilassung berichten zu können. Allerdings musste sie ihre Mutter auch über die Notwendigkeit ihrer Flucht nach Polen informieren. Mutter und Tochter stand eine unerwartete Trennung bevor.

»Am 6. März bin ich von Minsk nach Hause gefahren. Dort habe ich mich von meiner Mutter verabschiedet und die Sachen für meine Ausreise vorbereitet. Es waren sehr traurige Tage, denn meine Mutter und ich wussten nicht, wann wir uns wiedersehen würden. Mein Freund, Kostja, der mit mir zusammen verhaftet und dann verhört worden war, hat mich angerufen, und wir haben beschlossen, zusammen zu fliegen. Wir hatten Flugtickets für den 21. März 2021. Ich habe 15 Bilder für eine Ausstellung mitgenommen, und als weitere Extra-Gepäckstücke hatten wir noch Musikinstrumente dabei. Kostja ist Musiker, er hat seine Trompete mitgenommen und für eine Freundin das Cello. Da war es gut, dass wir zusammen geflogen sind.

Die 15 Bilder waren eigentlich für eine Ausstellung von Studierenden in Minsk bestimmt, die in Zusammenarbeit mit der Kunst- und der Musikhochschule stattfinden sollte, doch dazu kam es nicht.

Wir hatten allerdings weder das Geld für die Flugtickets, ein Ticket kostete zwischen 200 und 250 Euro, noch um das Extra-Gepäck zu bezahlen. Den dafür nötigen Betrag ließ uns eine Professorin meiner Universität zukommen, eine wunderbare Frau, Autorin von Theaterstücken, Romanen und Gedichten. Ich weiß noch nicht mal, ob sie über mich persönlich Bescheid wusste oder ob es ihr um die Ausstellung der Bilder der Studierenden gegangen war, jedenfalls hat sie uns ausreichend Geld geschickt.

Es war zu dem Zeitpunkt so, dass Studierende aus unserem Kreis, ebenso wie andere Kunstschaffende, Autorinnen und Autoren verhaftet wurden, sie saßen fest, wurden verhört, und die geplante Ausstellung in Minsk konnte nicht stattfinden. Die Studierenden waren durch ihre Bilder in Gefahr geraten, denn ihre Werke waren politischer Natur und hatten etwas mit der Protestbewegung zu tun, sie spiegelten die revolutionäre Stimmung dieser Tage.

Aber die Bilder waren in der Welt, also musste die Ausstellung auch stattfinden, egal wo. Da es in Minsk nicht möglich war, sollte es in Warschau sein. Zehn Bilder hatten bereits andere mitgenommen, bevor auch ich Belarus verlassen habe, die restlichen habe ich eingepackt. Die Rahmen konnten wir natürlich nicht mitnehmen, wir haben die Leinwände zusammengerollt, um die Bilder so transportieren zu können. In Warschau mussten die Bilder wieder aufgespannt werden. Vom polnischen Kulturrat haben wir dafür finanzielle Unterstützung erhalten. Auch wenn wir anfangs keine Perspektive in Warschau hatten, kein Geld, keinen Raum, glaubten wir an diese Ausstellung, die wir unbedingt auf die Beine stellen wollten.«

Im Oktober 2021 war es dann so weit und die Ausstellung wurde in Warschau gezeigt. Die Bilder sind ausdrucksstark und von künstlerisch hohem Wert. Die Ausstellung wurde auf Instagram dokumentiert.

Die Student Art Association hat eine Webseite, auf der regelmäßig Informationen zu bevorstehenden Ereignissen und Stipendien verbreitet werden. Auch Diana ist wieder dabei und kümmert sich um die verschiedenen Social-Media-Kanäle.

»Hier in Polen habe ich viele Möglichkeiten, um für meine belarussischen Kollegen und Kolleginnen etwas zu tun. Wir können weiterhin den politischen Protest gegen die Zustände in Belarus mit der Kunst verbinden. Ohne technische Ausstattung und finanzielle Mittel kann man jedoch wenig ausrichten.

Nach der Verhaftung musste ich mir ein neues Handy kaufen. Mein altes Handy habe ich zwar zurückbekommen, aber wenn man vom KGB verhört wurde, benutzt man danach sein Handy nicht mehr, es ist zu riskant. Freunde haben mir dann zu einem neuen Handy verholfen. In Belarus gibt es Initiativen, die die Handys übernehmen, wenn man aus der Haft entlassen wird, und man bekommt Geld für ein neues Telefon. Aber man braucht natürlich auch eine neue SIM-Karte, alles muss neu eingerichtet werden.«

Ich frage sie, wie sie sich mittlerweile in Warschau eingelebt hat.

»Ich fühle mich sehr gut hier. Aber der Anfang war nicht leicht. Als ich nach Warschau kam, hatte ich 200 Euro in der Tasche und sonst nichts. Doch es gibt BY_help, ein Hilfsforum für politisch Verfolgte. Dort kann man die Geschichten von Verfolgten lesen und die Menschen finanziell unterstützen. Ich habe meine Geschichte dort auch gepostet, und ein paar Besucher der Webseite haben Geld für mich gespendet. Ich bin so innerhalb eines Monats auf tausend Zloty gekommen.

Diese Webseite ist sehr wichtig für Menschen, die verhaftet und zur Zahlung hoher Geldstrafen verurteilt wurden, denn meist haben sie kein Geld, um die Zahlungen an den Staat zu leisten.

Die tausend Zloty haben mir geholfen, den ersten Monat in Polen zu überleben.

Wie ich bereits erzählt habe, war ich von der französischen Kultur sehr beeindruckt, und Polen ist gewissermaßen mein kleines Frankreich geworden. Ich weiß, dass Polen und Frankreich in der Vergangenheit viel verbunden hat, in Warschau ist das noch zu sehen. Ich kann nicht erklären, warum, aber ich fühle mich gut hier, obwohl ich noch nicht weiß, ob ich in Warschau bleibe, andere polnische Städte interessieren mich auch.

In Polen war ich zuvor noch nie gewesen. Als ich mich um ein humanitäres Visum bemühte, entschied ich mich für Polen, weil hier die meisten Menschen leben, die ich kenne. Ich bekam das Visum an einem Tag, am nächsten musste ich schon fliehen. Es ging alles sehr schnell.«

Diana nimmt auch in Warschau an Protestaktionen teil. Eine der bekanntesten Aktionen war der Hungerstreik vor der Vertretung der Europäischen Kommission in Warschau im Mai 2021 nach der Entführung der Ryanair-Maschine mit dem Aktivisten Roman Protassewitsch am Bord. Die Protestierenden haben eine Liste mit wirtschaftlichen Kooperationen zwischen Belarus und einzelnen EU-Staaten vorgelegt und eine Verschärfung der Wirtschaftssanktionen verlangt. Diana Ignatkowa war dabei.

»Wir schliefen in Zelten und haben gefastet, um das EU-Parlament zu Sanktionen gegen Lukaschenko zu bewegen. Es war ein unglaubliches Gefühl, mitten in der Stadt in einem Zelt zu liegen und dem Leben der Stadt zuzuhören ... Dann gab es die Schreiaktion der Aktivistin Jana Shostak, ein anderes Mal gingen die polnischen Frauen auf die Straße und demonstrierten. In dieser Zeit habe ich die polnischen Frauenproteste kennengelernt.

Ich selbst habe fünf Tage gehungert, andere haben es acht Tage lang geschafft.«

Diana erzählt mir, dass sie Polnisch lernen möchte, sie hat sich zu diesem Zweck ein Buch gekauft und zeigt es mir.

»Mit diesem Buch, mit *Pan Tadeusz* von Adam Mickiewicz. Das Buch war bei uns Schullektüre, auf Belarussisch. Ehrlich gesagt, ich habe es damals nicht gelesen und jetzt habe ich es gekauft, um mit Adam Mickiewicz Polnisch zu lernen.«

Ich bin überrascht, denn die altertümliche, reiche Sprache des großen polnischen Dichters aus dem 19. Jahrhundert ist nicht das Polnisch, das heute gesprochen wird. Aber der revolutionäre Geist

Adam Mickiewicz', der in Nowogródek, im heutigen Belarus, geboren wurde, in Vilnius studierte und von dort nach Zentralrussland verbannt wurde, scheint auch heute noch viele mitteleuropäische Literaturliebhaber und Revolutionsromantiker anzusprechen.

»Ich habe noch ein Buch gefunden, das für mich wichtig ist, *Sieben Tierdialoge* von Colette. Der Name der Autorin spielt in meinem Leben eine besondere Rolle. Als ich in unterschiedlichen Funktionen an der Universität tätig war, habe ich mir einen Nicknamen gegeben. Und das war Colette.

Und als während des Verhörs mein Telegram-Konto durchsucht wurde, stießen die KGB-Männer auf diesen Namen von mir, der Verwalterin der Konten. Als es dann darum ging, dass ich mit ihnen zusammenarbeiten sollte, haben sie nach einem Nicknamen für mich als Mitarbeiterin gesucht. Da habe ich wieder Colette vorgeschlagen. In diesem Moment musste ich laut lachen. Meine Nerven lagen in diesem Moment blank, und ich konnte das Lachen nicht unterdrücken, alles erschien so irreal, und das Lachen war ein Ventil für diesen furchtbaren Druck, unter dem ich während des Verhörs gestanden hatte.

Dieser Druck hat sich in meinen Körper eingespeichert, in Erinnerungen festgefressen. Immer wieder, fast zwanghaft, habe ich dieses Verhör, jedes Wort, das bei dem Verhör gefallen ist, analysiert.

Die Monate nach der Wahl waren ein einziges Wechselbad der Gefühle. Mal war ich im siebten Himmel vor Glück über uns alle, über die neue Freiheit und die Solidarität des Volkes, dann wieder stürzte ich in ein tiefes Loch der Verzweiflung angesichts der Gewalt und Lügen des Regimes. Ich pendelte zwischen Euphorie und tiefer Trauer.

Hier, in Polen, habe ich eine Therapie angefangen. Die Therapeutin nahm erstaunt zur Kenntnis, dass ich ihr die schrecklichsten Geschichten mit einem Lächeln erzählte. Sie hat mir dann erklärt, dass das Lächeln die Funktion hat, Emotionen zurückzuhalten, und solange ich mit einem fröhlichen Gesicht von meinen Erlebnissen erzähle, würde ich zu ihnen keinen Zugang finden. Das hat mich nachdenklich gemacht …

Deshalb führe ich jetzt Tagebuch. Ich schreibe nicht über die Vergangenheit, sondern über meinen Alltag, über das, was ich jetzt erlebe. Mein Kopf ist voll, es tut gut, die Gedanken zu ordnen. Außerdem mache ich einen Polnisch-Kurs und allmählich kann ich auch polnisch lesen.

In den Tiergeschichten von Colette, die ich mithilfe eines Wörterbuchs in polnischer Sprache gelesen habe, entdeckte ich ihren Hang zum einfachen Leben in einer für sie sehr angespannten Zeit, in der sie sich von ihrem Mann scheiden ließ. Er hat Bücher von ihr, die berühmten Claudine-Romane, unter seinem Namen veröffentlicht. Die Scheidung war furchtbar. Die Einfachheit der Tiergeschichten hat Colette in dieser stürmischen Phase ihres Lebens beruhigt.

Auch ich sehne mich oft nach Einfachheit, nach stillen Momenten, in denen mein Geist zur Ruhe kommt. Das Tagebuchschreiben hilft mir dabei, denn jeden Tag gibt es neue Erkenntnisse und Reflexionen, die festgehalten werden wollen. Es gibt Tage, an denen ich unglaublich dankbar bin, dass ich lebe und neue Freunde gefunden habe, und dann gibt es Tage, an denen ich nah am Verzweifeln bin über meine Lage und die Zustände in meinem Land.«

Als ich mit Diana nach dem Schreiben des Beitrags über sie drei Monate nach unserem Treffen in Warschau telefoniere, unterhalten wir uns nicht mehr auf Russisch, sondern auf Polnisch. Diana hat inzwischen sogar schon als Statistin beim Film gearbeitet. Aber für mich ist sie ein Star und keine Statistin.

© Dorota Danielewicz

Natalja Lubniewskaja (geb. 1993)

DU KANNST NICHT ZU HAUSE BORSCHTSCH KOCHEN, WENN DEIN MANN IM KNAST VERPRÜGELT WIRD

Natalja stammt aus Minsk, sie ist 29 Jahre alt und schreibt für die Online-Ausgabe der Zeitschrift *Nascha Niwa*. Seit einem Jahr wohnt sie in Vilnius. Eine zierliche Frau mit feinen Gesichtszügen, ganz in Schwarz. Natalja erhielt im Herbst 2021 den Gerd-Bucerius-Förderpreis Freie Presse Osteuropas.

Als ich sie zu unserer Verabredung im Hotel kommen sehe, schaue ich unwillkürlich auf ihre Beine. Sie sind so schmal, dass jemand, der sie aus zehn Metern Entfernung mit einer Kugel von hinten treffen konnte, sehr genau gezielt haben musste. Ich atme auf, Natalja geht schnell, ihr Gang ist unauffällig, anscheinend hat sie keine Langzeitschäden davongetragen. Natalija Lubniewskaja arbeitet als Journalistin bei der *Nascha Niwa – Unser Flur*. Es ist die älteste Wochenzeitung in Belarus. Ich erinnere mich an eine steinerne Tafel an einem Haus in Vilnius, an dem ich zufällig vorbeigekommen bin: Hier wurde vom Belarussischen Sozialistischen Bund am 10. Oktober 1906 die Zeitung *Nascha Niwa* gegründet.

Vilnius war damals polnisch, in der Stadt wirkten jedoch viele internationale Verbände. Da der Belarussische Sozialistische Bund illegal war, wurde die Zeitschrift offiziell von Privatpersonen herausgegeben. Ihre Leserschaft war breit gefächert, Themen der belarussischen Geschichte wie aktuelle Fragen des Lebens nahmen viel Raum ein. 1911 stieg die Auflage auf 3000 Exemplare.

Ich beginne das Gespräch mit Natalja mit einer Frage nach ihrer Arbeit bei *Nascha Niwa*.

»Nach Vilnius bin ich im Juni 2021 gekommen, nachdem unsere Redaktion geschlossen wurde. Hier fühle ich mich sicher, von hier aus kann ich arbeiten. Ich finde es interessant, dass *Nascha Niwa* wieder hier entsteht, nur nicht mehr auf Papier, sondern inzwischen online. In Vilnius wurde die Zeitung gegründet, dann erschien sie lange in Belarus, und jetzt ist die Redaktion wieder in Vilnius. Ich schreibe über soziale Themen und natürlich auch über die Pandemie. Obwohl ich in keinem politischen Ressort arbeite, ist heute trotzdem fast jeder Artikel politisch, denn soziale Themen haben meist eine Repressionsvorgeschichte. Jede Familie, jeder Freundeskreis hat jemanden, der im Gefängnis sitzt.

Während der Wahl am 9. August 2020 passierte Folgendes. Unsere Redaktion ist klein, und deshalb war klar, dass alle Reporterinnen und Reporter mit dem Thema beschäftigt sein würden. Mich hat vor allem die Frage beschäftigt, wie wir weiterarbeiten sollen, falls während der Wahl das Internet abgeschaltet wird. Uns wurde gesteckt, dass dieses Szenario realistisch sei. Also haben wir das geprobt: Einer hat in der Redaktion am PC gesessen, und wir haben diesem Kollegen die Nachrichten telefonisch durchgegeben. Wenn jemand ein Video hatte, musste er in die Redaktion gehen, um es dort selbst auf den PC zu überspielen, es wurde nicht online geschickt. Und tatsächlich wurden am Tag der Wahl alle Webseiten blockiert, nur Telegram hat funktioniert.

Am 9., 10. und 11. August 2020 gab es keine Netzwerkverbindungen in Belarus. Schon einen Tag vor der Wahl haben wir und viele junge Menschen damit angefangen, Zugänge zu ausländischen Netzwerken einzurichten. Vor der Wahl, Anfang August, haben wir noch normal gearbeitet und dachten nicht daran, dass die Situation so umschlagen würde nach dem 9. August 2020. Manche überlegten zwar, sich Schutzbrillen oder Helme, einfache Fahrradhelme, zu kaufen, um sich so eventuell vor der Polizei schützen zu können, aber die meisten haben die Gefahr seitens des Staatsapparats überhaupt nicht gesehen. Das Ausmaß an Gewalt, wie es direkt nach der Wahl auf den Straßen von Minsk ausgebrochen ist, hatten wir uns nicht vorstellen können.

Ich hatte den Eindruck, dass sogar die Journalisten, die am 9. August unterwegs waren, keine Ahnung davon hatten, was im ganzen Land gerade vor sich ging. Ich hatte Redaktionsdienst am 9. August, der Tag verlief für mich zunächst ohne Zwischenfälle. Ich bin nicht im Epizentrum der Proteste gewesen. Aber ich habe gesehen, wie Menschen auseinandergetrieben wurden, wie Polizisten mit Maschinenpistolen auf den Dächern von Jeeps wie Jäger bei einer Safari mitgefahren sind … Das war schockierend, solche Bilder in Minsk waren wir nicht gewohnt. Wenn wir unterwegs waren, haben wir uns den Presseausweis nicht gleich umgehängt. Denn wenn die Polizei gesehen hat, dass jemand mit einem Presseausweis unterwegs war, wurde er oder sie daran gehindert, zu den Versammlungsorten zu gehen.

Nach der Wahl und den darauffolgenden Demonstrationen bin ich durch die Straßen gelaufen und sah die zerstörten Blumenbeete und die Gummigranaten herumliegen. Am 10. August bin ich in aller Ruhe zur Arbeit gegangen. In der Redaktion haben wir besprochen, wer am Abend wohin geht, denn es war klar, dass sich Menschen in der Stadt zu Protesten versammeln würden. Wir hatten uns in der Kalwarijska-Straße mit einem Fotografen verabredet, weil wir Informationen über eine dort stattfindende Versammlung hatten. Aber niemand dachte daran, dass dort etwas Gefährliches passieren könnte. Wir nahmen an, dass sich dort Menschen versammelten, um weiter ins Stadtzentrum zu marschieren. Ungefähr um 20 Uhr kamen einige Demonstranten zusammen. Alles, was sie taten, war, mit Plakaten zu marschieren und ›Es lebe Belarus‹ zu rufen. Sehr populär waren auch Sprüche wie ›Polizei, Armee und das Volk sind eins‹ – es ging darum, das Vertrauen zu bekunden, dass Polizei oder Armee nicht gegen uns sein konnten. Plötzlich kam aus einer anderen Straße eine Gruppe der bewaffneten OMON-Kämpfer gerannt – 20, 30 Personen, mit Helmen, schwarz gekleidet. Wenn eine bewaffnete Gruppe sich schnell bewegt, ist klar, dass es Festnahmen geben wird.

Keiner der Demonstrierenden wollte Widerstand leisten, der Kampf mit bewaffneten und präparierten Schergen hatte ohnehin keinen Sinn, also begann die Menschenmenge sich schnell aufzulösen. Wir waren ungefähr zehn Journalisten von verschiedenen Medien und standen seitlich von den Demonstrierenden, wir haben Videos und Fotos gemacht. Dann ging alles ganz schnell. Als die bewaffneten Kräfte ausschwärmten, begannen auch wir uns zu entfernen, die Atmosphäre war sehr angespannt. Die Demonstrierenden gingen in die eine Richtung, wir in die andere. Wir trugen alle unsere Presseausweise, man konnte sehen, wer wir sind. Als wir in eine kleine Seitenstraße einbogen, spürte ich plötzlich einen Schmerz im Bein. Ich wusste erst mal nicht, was es war, vielleicht ein Stein. Aber dann habe ich gesehen, dass ich blute und eine richtige Wunde habe. Wir haben gehört, dass in Richtung der Demonstrierenden geschossen wurde, aber den Schuss, der mich getroffen hat, habe ich nicht gehört, es gab zu viele Geräusche. Das Projektil habe ich auch nicht gesehen. Ich lief weiter und bat jemanden um Hilfe. In diesen Tagen sind viele Menschen mit einem Erste-Hilfe-Kasten auf die Straße gegangen, sie wussten, dass sie gebraucht wurden. Mein Bein wurde versorgt, Fremde versuchten mich in ein Krankenhaus zu bringen. Es war jedoch schwer, durch die Stadt zu kommen, also haben sie einen Rettungswagen gerufen, und ich wurde in eine Notaufnahme gebracht. 38 Tage blieb ich im Krankenhaus. Bei Schussverletzungen ist es oft so, dass sich um die Wunde eine Entzündung bildet, deshalb muss das beobachtet werden.«

Ich lese im Internet nach, welche unterschiedlichen Schussverletzungen es gibt, und finde: Durchschuss, Steckschuss, Prellschuss und Streifschuss. Die Wirkung eines Schusses sei entgegen aller Behauptungen nicht vorhersehbar. Im Wesentlichen hinge dies von der Art des Projektils ab. Natalja erlitt einen Streifschuss. Von wem und warum, wusste sie nicht. Sie hatte nichts getan, außer sich von dem Ort der Unruhe zu entfernen. Ich frage sie, was weiter im Krankenhaus passiert sei.

»Ich wurde in ein normales Krankenhaus gebracht, in die Abteilung für Brandwunden. Man dachte, dort würden sich die Ärzte auch mit Schusswunden auskennen. Zuerst wurde die Wunde zugenäht. Nach ein paar Stunden kamen die Ärzte und haben sie wieder aufgetrennt, denn Schussverletzungen näht man nicht zu. In diesem Krankenhaus war man also nicht darauf vorbereitet, Schusswunden zu behandeln. Ein zusätzliches Problem bei meiner Behandlung war, dass an dem Tag, an dem ich angeschossen wurde, das Internet nicht funktionierte. Die Ärzte konnten nicht im Internet nachschauen, wie eine Schusswunde zu behandeln ist. Erst mit der steigenden Zahl von Verletzten lernten sie es. Für solche Wunden bedarf es Kriegschirurgen, aber die arbeiten nicht in einem normalen Krankenhaus, sondern nur in Militärkrankenhäusern. Die Behandlung von Schussverletzungen wird fachlich septisch-rekonstruktive Chirurgie genannt.

Ich war die Erste, die angeschossen wurde, nach mir kamen mehr Menschen mit Schussverletzungen ins Krankenhaus. Ich habe einen jungen Mann gesehen, um die 30, der seinen Fuß verloren hat. Eine tragische Geschichte. Jetzt ist er in Polen, er hat dort eine Prothese bekommen.«

In dem Buch von Vitali Alekseenok finde ich die Geschichte des Verletzten: Sein Name ist Hieorhij. Sein Fuß wurde von einer Schockgranate abgerissen. Hieorhij war nach der Schilderung von Vitali nur auf dem Weg nach Hause, er befand sich 200 Meter entfernt von seiner Haustür und war nicht auf der Demonstration.

»Wovor wir im Krankenhaus noch Angst hatten – ich vielleicht nicht so sehr, weil ich Journalistin bin und auch auf der Straße gearbeitet habe –, aber die Demonstrierenden, das waren Verhöre. Polizeibeamte kamen an die Krankenbetten und stellten merkwürdige Fragen, sodass die Verletzten sich wegen der Teilnahme an den Protesten praktisch selbst für schuldig erklärten und damit angeklagt werden konnten.

Dass ich angeschossen wurde, haben am selben Tag noch Journalisten erfahren und es publiziert. Keiner hat diese Wendung der Ereignisse voraussehen können. Zwei Wochen hat es gedauert, bis wir erfahren haben, was an dem Tag genau passiert ist. Jemand hat von einem Balkon aus die Ereignisse gefilmt. Zufällig auch den Moment, als ich angeschossen wurde. Er hat mir das Video geschickt. Der Mann, der in meine Richtung schießt, steht etwa zehn Meter von mir entfernt und zielt auf mich.

Natürlich hatte ich die ganze Zeit überlegt, ob es Zufall gewesen war oder nicht. Nachdem ich die Aufnahme gesehen habe, war klar, dass der Schuss absichtlich gesetzt wurde. Ich kann mir jedoch bis heute nicht erklären, warum. Warum ich? Wollte er sich etwas beweisen, indem er von hinten auf eine Journalistin schießt? Ist es die Tat eines Ordnungshüters? Kann er sich damit brüsten? Ist er ein Einzelgänger oder werden die OMON-Schergen so ausgebildet? So viele Fragen, auf die ich bis heute keine Antworten habe. Sie lasten mir immer noch auf der Seele. Unsere Redaktion hat das Innenministerium von dem Vorfall unterrichtet. Eine Antwort gab es nicht, auch keine Entschuldigung. Es gab auch kein Gerichtsverfahren, niemand wurde bestraft. Ich habe einen Anwalt, wir versuchen eine Anklage durchzusetzen, dafür müssen wir jedoch wissen, gegen wen. Angeblich wird der Vorfall untersucht, aber seit einem Jahr passiert nichts, der Schütze wurde nicht ausfindig gemacht. Natürlich ist es eine politische Sache – man will nicht, dass es zu einem Prozess gegen den Schützen kommt, und versucht, die Klage hinauszuzögern.«

Natalja betont, dass man ihre Klage nicht abgewiesen hat, aber auch nicht angenommen. Sie musste ein Dokument unterschreiben, das ihr die Verbreitung ihrer Geschichte untersagt.

»Ich bin keine Zeugin, sondern das Opfer, trotzdem wurde ich gezwungen, dieses Dokument zu unterschreiben. Ich wurde dafür aufs Amt bestellt. Das ist gängige Praxis bei Opfern staatlicher Gewalt. Eine Woche nach den Wahlen haben Vertreter des Informationsministeriums und der Polizei eine Pressekonferenz abgehalten. Mein Vorfall wurde nicht erwähnt. Natürlich haben meine Kollegen danach gefragt. Es war ein Präzedenzfall, ich war das erste Opfer, das angeschossen wurde. Aber die Frage wurde einfach überhört, man hat so getan, als wäre sie nicht gestellt worden.«

Im Netz suche ich nach Informationen über die Historie der Behandlung von Schusswunden. Ab Mitte des 15. Jahrhunderts wurde versucht, den Schusskanal mit heißem Öl zu füllen, um vom Schießpulver verursachten Entzündungen vorzubeugen. Diese Methode wird von dem Wundarzt Heinrich von Pfalzpaint in seinem chirurgischen Handbuch beschrieben. Der französische Chirurg Ambroise Paré ersetzte 1536 das für Patienten lebensgefährliche und schmerzvolle Aussieden der Wunde mit heißem Öl durch eine Mischung aus Terpentin, Eigelb und Rosenöl. Bis ins späte 18. Jahrhundert hinein haben Ärzte Schusswunden mit bloßen, ungewaschenen Fingern nach Projektilen abgesucht und so sehr oft eine Sepsis herbeigeführt, die tödlich verlief.

In Belarus wussten die Ärzte zunächst nicht, wie die Schusswunde von Natalja zu behandeln war. In Friedenszeiten wird dieses Wissen nicht gelehrt, es gerät in Vergessenheit. Eigentlich ein gutes Zeichen, dachte ich, wenn Schussverletzungen kein Thema mehr sind. Aber in Belarus haben sich die Zeiten geändert.

Nataljas Wunde musste gesäubert werden, eine kleine Operation war nötig, sie bekam zwei Wochen lang Antibiotika. Danach musste die Wunde beobachtet werden. Wie hat das Personal des

Krankenhauses auf die Tatsache reagiert, dass eine junge Frau angeschossen worden war, frage ich. Natalja lächelt traurig, die ersten Tage mit der Schusswunde seien hart gewesen, berichtet sie.

»Die Ärzte waren voller Mitleid, aber nicht die Pflegekräfte. Ich wurde gefragt, warum ich zu der Demonstration gegangen bin, und wenn ich erklärt habe, dass ich als Journalistin unterwegs war, wurde befunden, dass ich dann selbst schuld sei. Es gab immer noch Vertrauen in den Staat, in die Polizei. Jeder, der in eine problematische Lage kam, in einen Konflikt mit dem Staatsapparat geriet, war nach Meinung der Krankenschwestern dafür selbst verantwortlich. Diese Einstellung resultierte aus der Propaganda der staatlichen Medien nach dem Maidan in der Ukraine 2014. Das Fernsehen sendete Bilder aus der Ukraine mit der Botschaft, wie gefährlich solche Unruhen seien, und betonte die Ordnung und den Frieden in Belarus. Wir sollten zufrieden sein, dass bei uns nicht derart anarchistische Verhältnisse herrschten. Dieses Narrativ war erfolgreich, sodass einige Bürger jeden Protest als Ordnungsstörung begriffen. Die Proteste nach der Wahl wurden folglich von einem Teil der Bevölkerung als gefährlich für die Stabilität des Staates angesehen, den Protestierenden wurde sogar die Absicht unterstellt, einen Krieg herbeiführen zu wollen. Lukaschenko hat sich in den Medien als Verhinderer eines Weltkrieges dargestellt.

Aber nach einigen Tagen änderte sich die Stimmung unter den Pflegekräften im Krankenhaus, als immer mehr Verletzte gebracht wurden. Man begann uns endlich ernst zu nehmen, stellte Fragen und erkundigte sich nach den Umständen der Verletzungen. Nun versuchte das Personal im Krankenhaus, unsere Situation zu verstehen.

Ich hatte Bücher im Krankenhaus, und als das Internet wieder funktionierte, habe ich Filme geschaut und Nachrichten gelesen. Ich bekam auch Besuch, zu der Zeit gab es nicht viele Covid-19-Erkrankungen, und Besuche waren noch erlaubt.«

Am 23. September 2020 wurde die Wohnung von Jahor Martinowitsch von Sicherheitskräften durchsucht. Sämtliche Datenträger und technische Geräte wurden beschlagnahmt. Jahor Martinowitsch wurde verhört und für drei Tage in Isolationshaft gesteckt. Gegen ihn wurde ein Strafverfahren wegen Verleumdung eingeleitet. Am 23. September ließ sich Alexander Lukaschenko als Staatspräsident vereidigen. Das Zentrum von Minsk wurde zum Teil abgeriegelt, mehrere Tausend Demonstranten protestierten gegen die Vereidigung. Die Polizei ging gegen die Protestierenden brutal vor, Tränengas und Wasserwerfer wurden eingesetzt und 150 Personen festgenommen. Einige Monate später, am 8. Juni 2021, wurde *Nascha Niwa* in Minsk geschlossen. Es war nicht die erste Pression, der *Nascha Niwa* ausgesetzt war. Die wichtigste Zeitung der belarussischen Intelligenzija war seit 1995 dem Druck der staatlichen Behörden ausgesetzt. Bereits 2006 wurde ihr Chefredakteur Andrej Dynko für zehn Tage verhaftet, ihm wurde vorgeworfen, oppositionelle Demonstranten mit Lebensmitteln versorgt zu haben. Seine Familie wurde zwei Tage lang nicht über seinen Verbleib informiert. 2020 hatten die Behörden andere Anklagepunkte.

»Wir wurden wegen der Stromrechnung angeklagt. Es hieß plötzlich, dass sie bei einer geschäftlichen Nutzung anders berechnet werden muss, nach Paragraf 216 des Strafgesetzbuches. Die Räume der Redaktion waren an uns als Wohnräume vermietet worden. Die Differenz für die angeblich falsch abgerechnete Stromrechnung wurde auf über eintausend Euro geschätzt. Früher hat es keinen interessiert, für was wir bezahlten, aber in dieser Situation war der Unterschied verhängnisvoll. Natürlich war es ein Vorwand. Alle Redaktionen haben auf diese Art Räume gemietet, es ist nie beanstandet worden. Unsere technischen Geräte wurden beschlagnahmt, die Redakteure Andrej Dynko, Andrej Skurko, Jahor Martinowitsch und die Buchhalterin Volha Rakowitsch wurden festgenommen, ihnen wurde vorgeworfen, Proteste mitorganisiert zu haben. Dabei haben wir lediglich darüber berichtet wie alle anderen auch. Der

Domainname funktionierte ab diesem Tag nicht mehr, die Webseite ließ sich nicht mehr öffnen. Andrej Skurka, der Marketing-Chef von *Nascha Niwa*, hat 13 Tage in Arrest ohne Matratze und Decke in einer kalten Zelle in der Akrescina-Straße verbracht. Das Licht in der Zelle brannte 24 Stunden. Obwohl er zuckerkrank war, bekam er seine Medikamente nicht und konnte seine Diät nicht einhalten, Päckchen wurden ihm nicht ausgehändigt. Später wurden Jahor Martinowitsch und Andrej Skurka zu je zwei Jahren Haft verurteilt.

Nach diesen Ereignissen war uns klar, dass wir als Zeitung ins Ausland gehen müssen. Es könnte sich jederzeit wiederholen, dass wir angeklagt oder unsere PCs beschlagnahmt werden. Belarussische Journalisten haben die Wahl, entweder in Belarus zu bleiben und den Journalismus aufzugeben oder ins Ausland zu gehen und dort weiterzuarbeiten. Unsere Direktorin Nastassja Rouda meinte dazu Folgendes: ›In unserem Land für ein unabhängiges Medium zu arbeiten bedeutet Selbstmord. Du wirst nach dem Strafkodex verurteilt und wanderst ins Gefängnis.‹

Nachdem tut.by, das wichtigste Internetportal in Belarus, geschlossen wurde, war klar, dass wir keine Chance mehr hatten, wie bisher weiterzuarbeiten. Es war noch leicht, ein humanitäres Visum für Polen oder Litauen zu bekommen. Gegen mich lief keine Anklage, deshalb konnte ich Belarus verlassen. In Vilnius sind wir zu viert, alles Reporter. Wir haben hier keine Redaktion, jeder arbeitet von zu Hause aus.

Ich habe in Vilnius eine möblierte Einzimmerwohnung. Als wir uns entschlossen haben, Belarus zu verlassen, gab es für Journalisten bereits Unterstützung aus dem Ausland. Das hat uns ermöglicht, in Litauen eine neue Existenz zu gründen. Wir arbeiten jedoch weiterhin zu belarussischen Themen, wir machen keine Berichterstattung aus Litauen. Absurderweise hat uns die Pandemie darin unterstützt, die meisten arbeiten von zu Hause, wir treffen uns weniger, also es funktioniert auch so. Leserinnen und Leser schreiben uns, stellen Fragen oder teilen Geschichten mit, wir sind im belarussischen Netz unterwegs, recherchieren online.

Weil ich erst seit Kurzem im Ausland bin, bin ich mit dem belarussischen Kontext noch sehr vertraut und verstehe Zusammenhänge, und darauf kommt es an. Aktuell beschäftige ich mich viel mit der Pandemie und Fragen rund um Covid-19. Ich bin in Kontakt mit Krankenhauspersonal, um zu beschreiben, wie die Zustände auf den Intensivstationen sind, wie viele Menschen tatsächlich hospitalisiert sind. Die Statistiken sind nicht genau, um es freundlich auszudrücken. Die offizielle Propaganda verbreitet positive Nachrichten, angeblich sei alles unter Kontrolle, was aber nicht stimmt. Lukaschenko hat die Pandemie lange als eine Psychose bezeichnet.«

Ich frage, ob Natalja problemlos nach Belarus einreisen könnte, da sie ja nicht vorbestraft ist.

»Theoretisch ja, praktisch nein, auf mich würden böse Überraschungen warten.«

Ich stelle ihr die Frage der Fragen, ob sie noch Hoffnung auf eine positive Veränderung in Belarus hat.

»Das Jahr 2021 wurde zum Jahr der nationalen Einheit ausgerufen. Aber natürlich kann man bei uns nicht von einer Einheit sprechen, die Repressionen nehmen zu, die meisten Menschen, die jetzt in Haft sitzen, haben irgendetwas im Internet gepostet, einfach Kommentare geschrieben, die der Regierung nicht passen. Das reicht als Grund für Repressionen. Also, wenn alle nur das Gleiche sagen und schreiben dürfen, dann sieht es so aus, als ob es eine nationale Einheit gäbe. Andersdenkende werden weggesperrt.«

Mich interessiert, wie Natalja die Rolle der Frauen bei den Protesten 2020 sieht.

»Die Frauen, die so mutig und offen auf den Straßen in Belarus demonstriert haben, hätten vielleicht nicht so reagiert, wenn ihre Männer nicht in Haft gesessen hätten. Du kannst nicht zu Hause Borschtsch kochen, wenn dein Mann im Knast verprügelt wird.«

Nadieja Stepantzova (geb. 1971)
und Joanna Zacharkievitsch (geb. 1973)

WIR HABEN AUS MÜTTERLICHER SORGE GEHANDELT

Ich treffe die beiden Schwestern im polnischen Zielona Góra, auf Deutsch Grünberg. Seit vier Wochen sind sie dort, aber schon einen Tag nach unserem Gespräch werden sie weiterziehen. Nach Białystok. Ohne Geld, ohne Arbeit, aber wenigstens sind sie da ihrer Heimatstadt Grodno etwas näher. Nach Zielona Góra sind die beiden nur deshalb gekommen, weil eine entfernte Cousine ihnen hier ein Zimmer in einer Pension beschafft hat.

Ich bin froh, sie dort treffen zu können, denn Zielona Góra ist nicht weit von Berlin entfernt, im Gegensatz zu Białystok. Mit dem Taxi suche ich nach der Straße. In der Nähe einer Tankstelle befindet sich ein unscheinbares Haus, keine Aufschrift verrät, dass es sich um eine Pension handelt. Ich bin mir nicht sicher, ob es die richtige Adresse ist, bis eine der Schwestern erscheint und mich hineinwinkt.

Ich betrete ein giftgrün gestrichenes Treppenhaus. Die Pension wird vor allem von ausländischen Arbeitskräften in Zielona Góra genutzt, wie ich erfahre. Auf dem nahe gelegenen Parkplatz stehen viele Busse, die Gegend wirkt trostlos, aber doch irgendwie passend für Menschen, die unterwegs sind, heimatlos, ohne feste Adresse. Auch Joanna und Nadieja »parken« hier für ungewisse Zeit ihre Rucksäcke in einem der spärlich möblierten Zimmer, die überwiegend an ukrainische Emigranten vermietet werden, die ein neues Leben in Polen anfangen wollen und sich mit schlecht bezahlten Jobs über Wasser halten. Die Miete ist gering. Erschwinglich für jene, die fast nichts haben.

Ihr Hab und Gut, ihre geräumigen Häuser, die Gemüsegärten, Kinder und Ehemänner, Autos – Nadieja und Joanna haben alles in Belarus zurückgelassen. Aus Furcht, in ein Arbeitslager gesteckt zu werden, haben sich die beiden Schwestern zur Flucht entschlossen. Ihr Weg führte sie zu Fuß über die belarussisch-litauische Grenze, durch die Sumpfgebiete. Jeder Schritt war gefährlich, hätte das Ende bedeuten können – die litauischen Sümpfe haben schon vor Jahrhunderten Kreuzritter an der Eroberung des Ostens gehindert.

In Nadiejas und Joannas Zimmer gibt es drei Betten, einen Schrank, einen kleinen Tisch, einen Kühlschrank und einen Wasserkocher. Wir können also gleich Teewasser aufsetzen.

Nadieja und Joanna haben beide kurzes, blondiertes Haar und blaue Augen, die mich freundlich anlächeln. Ich packe das Lübecker Marzipan aus, das ich mitgebracht habe, die Schwestern stellen dazu den Tee auf den Tisch.

Nadieja beginnt. Eine Freundin von ihr würde immer behaupten, mit 50 Jahren finge das Leben erst an. »Und jetzt?« Nadieja schaut mich an: »Genau an diesem Tag bin ich verurteilt worden! Zu dreieinhalb Jahren Arbeitslager!«

»Und ich habe drei Jahre Lager bekommen. Dazu noch eine hohe Geldstrafe. Fast 50 Jahre haben wir ruhig gelebt und plötzlich sind wir zu Verbrecherinnen geworden!«, ergänzt Joanna.

Die Gerichtsverhandlung, die eine Farce war, hat am 12. März 2021 stattgefunden. Angeblich waren die beiden Schwestern elf Polizisten gegenüber gewalttätig geworden. Zwei fast 50-jährige Frauen gegen elf Polizisten und 30 OMON-Spezialkräfte, die auch am Ort des Geschehens waren. Wenn der Ausgang nicht so tragisch wäre, könnte man sich tatsächlich totlachen. Wir tun es auch, aus vollem Herzen.

»Ihr seid richtige Superwomen!«, sage ich. Nur mit schwarzem Humor, scheint mir, kann man dieser unfassbaren Verurteilung begegnen, welche das friedliche Leben zweier Familien zerstört hat.

Die beiden Frauen vor mir kann ich mir gut in einer gemütlichen Küche vorstellen, umgeben von Kindern und Enkeln, auf dem Tisch Früchte aus dem eigenen Garten. Ich liege damit nicht falsch. »Ja, jede von uns hatte ein Haus, eine Datscha, uns ging es gut. Nein, wir haben immer noch ein Haus«, korrigiert eine Schwester die andere. »Wir führen harmonische Beziehungen mit unseren Männern. Das war auch bei unseren Eltern schon so. Sie führten eine liebevolle Ehe, stützten einander und waren auch für uns immer da, wenn Hilfe nötig war. Sie haben unsere Kinder mit aufgezogen«, erzählt Nadieja.

Sie ist zwei Jahre älter als Joanna. Nadieja bedeutet auf Deutsch Hoffnung. Ihre Mutter Vera (»Glaube«) wollte die jüngere Tochter eigentlich Liubov (»Liebe«) nennen. Dann wären sie zusammen Glaube, Liebe, Hoffnung gewesen. Aber Nadieja hatte andere Pläne und setzte durch, dass die Kleine den Namen Joanna erhielt. Joanna, die Gottbegnadete.

Joanna hat zwei Kinder, eine Tochter von 28 Jahren und einen Sohn von 20 Jahren. Nadieja hat zwei Söhne, 26 Jahre und 20 Jahre alt. Der ältere arbeitet in Polen, der jüngere dient als Grenzbeamter. Ich bin erstaunt, dass ausgerechnet der Sohn einer Frau, die illegal die Grenze ihres Landes überqueren musste, diese Grenze zu schützen hat.

»Er ist nicht direkt an der Grenze stationiert, sondern arbeitet in einer mobilen Reserve. Er wird immer dort eingesetzt, wo er gerade gebraucht wird, zum Beispiel, um Schmugglerbanden zu stoppen.«

Oder um Flüchtlinge aus dem Irak und Afghanistan aufzuhalten?, frage ich nach. Die Situation an der polnisch-belarussischen Grenze ist seit Monaten angespannt aufgrund Tausender Flüchtlinge, die von Lukaschenko unter falschen Versprechungen aus ihren Heimatländern nach Belarus gelockt wurden. In den grenznahen

Wäldern bleiben sie sich selbst überlassen. Dort hoffen sie auf eine Möglichkeit zur Überquerung der EU-Grenze Richtung Westen.

»Ja, auch diese Flüchtlinge muss er aufspüren, leider. Er hatte keine Ahnung, dass auch wir fliehen würden, unsere Pläne haben wir vor ihm verheimlicht«, sagt die Mutter des Grenzers.

Ich will wissen, was er jetzt zu ihrer Flucht sagt.

»Er sagt, dass wir richtig gehandelt haben. Als wir Überlegungen anstellten, ob wir abhauen sollen, habe ich zu ihm gesagt, ›Sohn, ich werde Belarus lieber nicht verlassen, weil man dir vielleicht die Verantwortung dafür zuschieben wird. Du bist im Staatsdienst, ein Grenzbeamter, und ich möchte dich nicht in Schwierigkeiten bringen.‹ Doch er meinte, dass ich mich um ihn nicht kümmern solle. Er würde nicht wollen, dass ich ins Gefängnis käme, er wüsste, dass ich unschuldig sei. Also haben Joanna und ich uns doch dazu entschlossen, aus Belarus zu fliehen. Aber es galt, vorsichtig zu sein, zum Beispiel nicht dann zu fliehen, wenn mein Sohn zu Hause war.

Es fügte sich, dass die Grenzer im Frühsommer eine vierwöchige Schulung hatten. Er war eine Zeit lang weg, hat nicht angerufen und uns auch nicht besucht. Ich konnte mir also sicher sein, dass ihn niemand der Fluchthilfe verdächtigen würde. Es war eine gute Gelegenheit, um abzuhauen. Es gab jedoch eine Sache, die mich nicht schlafen ließ. Ich hatte Angst, dass man ihm vorwerfen würde, meine Verurteilung seinem Abteilungsleiter nicht gemeldet zu haben.

Gott sei Dank ist nichts Schlimmes passiert, er ist nicht dienstlich belangt worden. Auch unter den Grenzbeamten gibt es unterschiedliche Sichtweisen der Vorkommnisse im Land. Sie wissen schon, dass nicht alle, die im letzten Jahr vor Gericht standen, sich wirklich etwas zuschulden haben kommen lassen.«

Wie die Schwestern mir erzählen, waren sie früher politisch nicht besonders aktiv. Lukaschenko ist bereits seit 27 Jahren an der Regierung, und ich bin neugierig, ob Nadieja und Joanna schon länger eine Abneigung gegen den von ihm errichteten Staatsapparat hegten oder ob es erst in den letzten Jahren dazu kam. Joanna verneint, sie war früher keine Gegnerin des Regimes, Nadieja hatte eine andere Sicht.

»Ich war schon länger gegen Lukaschenko eingestellt und habe die Meinung vertreten, dass er unserem Land nichts Gutes tut. Zur Wahl 2010 bin ich nicht gegangen, weil ich davon überzeugt war, dass er sowieso die Wahl für sich entscheiden, also fälschen würde. Auch die nächste Wahl habe ich ausfallen lassen. Ich habe mich aber nicht besonders engagiert. Ich habe mich zu Hause über ihn lustig gemacht, ihn verhöhnt, wie viele andere auch. Mit der Zeit habe ich verstanden, dass Putin ähnlich regiert. Wir haben eine Cousine in Russland, mit der wir uns ausgetauscht haben. Sie erzählte, dass die Menschen außerhalb der Großstädte kaum Arbeit finden. Eine andere Verwandte wohnt in einer russischen Kleinstadt, den Menschen da geht es wirtschaftlich nicht gut. In Grodno habe ich keine Organisation gekannt, die für mich infrage gekommen wäre. Vielleicht hätte ich eine gefunden, wenn ich danach gesucht hätte, dann wäre ich politisch aktiv geworden.«

Joanna ergänzt ihre Sicht der letzten Jahre in Belarus:

»Die letzten zehn Jahre hatte ich keine Illusionen mehr. Davor dachte ich, gut, mein Gehalt ist nicht schlecht, den anderen geht es auch gut, also tut Lukaschenko alles, was möglich ist, damit in unserem Land Stabilität herrscht. Was braucht ein normaler Mensch? Eine Wohnung, gute Arbeit, Ausbildungsmöglichkeit für die Kinder, ein paar Reisen.

Aber das Jahr 2010 hat auch bei mir alles verändert. Wir haben mitbekommen, dass es bei der Wahl nicht mit rechten Dingen zugegangen war und Proteste gewaltsam niedergeschlagen wurden. Dann kam die Rubelkrise 2011, und plötzlich hatten wir nur noch die Hälfte unseres Gehalts in der Tasche. Im Jahr 2016 gab es noch eine Rubelentwertung. Für ein Eis, das früher 80 Kopeken gekostet hat, musste man nun zwei Rubel bezahlen. In Euro umgerechnet bekam ich statt 500 im Monat nur noch 350.«

Das Jahr 2020 hat alles verändert. Tausende Belarussen wollten zunächst ihre Unterstützung der oppositionellen Kandidaten für den Präsidentenposten zeigen und danach gegen die manipulierten Wahlergebnisse protestieren.

»Wir sind zu den Aktionen gegangen, nach der Wahl, aber auch schon davor. Anfangs war dort nichts zu befürchten, alles verlief friedlich. Aber dann, nach der Wahl, nahmen die staatlichen Repressionen den Demonstranten gegenüber immer weiter zu. Im September 2020 war es besonders schlimm. Also gingen wir auf die Straße, um die jungen Männer vor der Polizei zu schützen, wie am 11. August, da waren wir zum ersten Mal unterwegs, um die Protestbewegung zu unterstützen. Bei allen Demonstrationen wurden wir Zeuginnen brutaler Übergriffe. Wir haben gesehen, wie Menschen auf den Boden gezogen, geschlagen und getreten wurden. Ich bin immer sofort hingerannt, wenn ich gesehen habe, dass jemand von Polizisten verprügelt wurde. Joanna musste mich oft zurückhalten, sonst hätte ich mich in jeden Konflikt eingemischt, so sehr habe ich mich immer aufgeregt. Außerdem haben wir gedacht, dass die Polizisten auch Gefühle haben, und wenn wir auf sie einredeten, würden sie womöglich ihr Handeln überdenken.«

Nadieja macht eine Pause, und Joanna ergreift wieder das Wort:
»Einmal haben wir gesehen, wie ein junger Mann von vier Polizisten auf den Boden gedrückt wurde, ein Polizist hat ihm sogar sein Knie auf den Hals gedrückt, wie es bei dem Amerikaner George Floyd gemacht wurde. Der junge Mann ist schon blau angelaufen, er wäre fast erstickt. Es war furchtbar zuzuschauen, wie er von den OMON-Schergen überwältigt wurde und keine Chance hatte, sich zu wehren. Vor unseren Augen ist er immer schwächer geworden. Wir dachten, dass er sterben würde. Und wir haben an den Armen der OMON-Männer gezogen, um dem jungen Mann zu helfen. Wir haben geschrien: ›Was tut ihr da, was soll das, ihr bringt ihn um!‹

Wir haben alles versucht, der junge Mann wäre fast gestorben, es hat wirklich nicht mehr viel gefehlt.

Nach unserer Intervention haben sie ihn zu einem Gefangenentransporter geschleppt. Wir wissen leider nicht, was aus ihm geworden ist. Die OMON-Polizisten haben uns angeschrien: ›Wir kommen aus Russland und wir verprügeln euch, wenn ihr nicht abhaut!‹ Sie benutzen gern vulgäre Ausdrücke, sind ordinär. Was können Frauen wie wir schon groß gegen sie ausrichten?

Vor Gericht habe ich die Beschimpfungen wiederholt, die mir die Männer in Uniform an den Kopf geworfen haben. Das Gericht schaute mich entsetzt an. ›Das waren doch nur Zitate‹, habe ich gesagt, ›das ist nicht meine Sprache.‹ Normalerweise ist es so, man tritt an jemanden heran und teilt ihm ruhig mit, dass er das Recht übertreten hat, aber man schreit ihn nicht in Fäkalsprache an. Was ist jedoch noch normal bei uns?

Ein anders Mal, am 6. September 2020, war es so, dass ein Mädchen zusammen mit ihrem Freund gestürzt ist. Die OMON-Männer rannten in ihre Richtung, sie hätten sie tottrampeln können. Deshalb haben wir versucht, sie aufzuhalten, wir haben auf sie eingeredet, weil sie überhaupt nicht darauf geachtet haben, dass da jemand auf dem Boden lag.

Wie hätten wir denn sonst in so einer Situation reagieren sollen? Es war doch selbstverständlich zu helfen. Wir sind Mütter und haben aus mütterlicher Sorge gehandelt. Unsere Kinder sollen nicht misshandelt werden, auch die beiden hätten unsere Kinder sein können, wir wollten sie schützen.

Dem Mädchen haben wir geholfen, auf die Beine zu kommen. Der Freund hat es alleine geschafft. Danach gingen wir in Richtung einer anderen Gruppe junger Menschen, auf die mit Schlagstöcken eingeprügelt wurde … Wir haben uns immer vorgestellt, dass es unsere eigenen Kinder sein könnten, die so geschlagen werden, wir wollten auch sie beschützen. Wir haben gehofft, dass wir ihnen helfen können, vielleicht eine schlagende Hand aufhalten, mit Schreien die Schläger vertreiben, irgendetwas tun, um ihnen zur Seite zu stehen.«

Joanna schaut zu ihrer Schwester. Nadieja sagt: »Wir konnten einige retten, das ist uns gelungen. Wir haben gedacht, dass sie Frauen in unserem Alter nicht verhaften würden. Es ist auch lange gut gegangen mit unseren Rettungsaktionen.«

Sämtliche Quellen, Filmaufnahmen und Zeugenberichte belegen, dass die Märsche seitens der Protestierenden friedlich verlaufen sind. Mit der Zeit hatten sich feste Termine für einzelne Bevölkerungsgruppen etabliert. Vitali Alekseenok fasst in seinem Buch *Die weißen Tage von Minsk* die Abläufe zusammen: samstags die Frauen, weiß gekleidet und mit Blumen in den Händen, sonntags landesweit alle, montags die Rentnerinnen und Rentner mit den Studierenden. Diese Märsche wurden »Märsche der Weisheit« genannt. Und es gab die Märsche der Menschen mit Behinderungen.

Die Teilnehmenden achteten bei ihren Zusammenkünften sogar sorgsam darauf, ihren Müll aufzusammeln und die Beete nicht zu zertrampeln. Ein Foto von den Protesten erlangte internationale Bekanntheit: Es zeigt Menschen, die auf eine Bank gestiegen sind, um besser sehen zu können. Unter der Bank stehen ordentlich aufgereiht ihre Schuhe.

»Wir wussten, dass die Wahl gefälscht wurde, die offiziell verkündeten Ergebnisse nicht der Wahrheit entsprechen konnten. Als Unterschriften für Swetalana Tichanowskaja gesammelt wurden, waren die Schlangen lang, die Straßen waren voll, sodass man nirgends ein Auto abstellen konnte.

Wir haben gesehen, dass fast alle weiße Armbänder trugen, als sie zur Wahl gingen. Wir hatten uns dazu verabredet, unsere Gesinnung öffentlich zu zeigen. Eine solche Solidarität für eine Gegenkandidatin, in den Städten wie in der Provinz, hatte es noch nie gegeben. Überall war zu sehen, dass Lukaschenko keine Unterstützung mehr bekam. Da kann man uns doch nicht glauben machen wollen, dass er gewonnen hat.

2010 ist die Wahl ebenfalls gefälscht worden. Aber damals waren wir kaum informiert, wir waren auch nicht gut organisiert und standen nicht durch das Internet miteinander in Verbindung. Als wir zuletzt mitbekommen haben, wie frech, gemein und offen wir belogen wurden, konnten wir das nicht mehr hinnehmen. Unsere Seelen haben protestiert. Wir wurden doch wie die letzten Idioten behandelt. Im Fernsehen wurden wir von Lukaschenko als Rindviecher beschimpft, die sich ihre Hufe auf den Straßen vertreten, und auch als Prostituierte und Drogensüchtige. Der Mann hat keine Achtung vor dem Volk. Wie sollen wir ihn da respektieren? Zu allem Übel stagniert auch noch unsere Wirtschaft.«

Joanna hat als Juristin in der Verwaltung einer Poliklinik in Grodno gearbeitet, ihre Schwester Nadieja war als Bauingenieurin tätig gewesen. Vor ihrer Flucht wurde beiden gekündigt. Joanna erzählt der Reihenfolge nach von den Ereignissen.

»Nach einem Protest haben wir uns aufgelöst und gingen nach Hause, da hat uns leider eine Patrouille erwischt. Die Polizisten haben uns an den Haaren zu einem Gefangenentransporter gezerrt und da hineingeschubst. Es hat sehr wehgetan. Aber ich dachte nur daran, dass mein Sohn am nächsten Tag seinen 18. Geburtstag feierte und ich nicht da sein würde, wenn man mich 24 Stunden auf dem Revier festhielt. Doch es kam noch schlimmer. Ausgerechnet an dem Tag erfolgte ein Befehl aus Minsk, die Festgenommenen sollten nicht mehr mit einer Geldstrafe nach Hause entlassen werden, sondern hatten zusätzlich zwei Wochen im Gefängnis zu verbringen. Nach dieser Nachricht ist mein Blutdruck in die Höhe geschnellt, und man hat den Notarzt gerufen, so schlecht ging es mir. Ich wurde dann ins Krankenhaus gebracht.«

Nadieja erzählt, wie es bei ihr war:»Ich wurde nach Hause entlassen, weil ich furchtbar gehustet habe. Ich hatte Bronchitis, und es klang, als hätte ich Corona. Zunächst hat man meinen Zustand nicht beachtet, aber dann haben sie sich wohl überlegt, dass es mir im Gefängnis mit der Zeit immer schlechter gehen würde, und sie haben mich freigelassen.

Die jungen Mädchen, die mit uns auf dem Revier waren, haben drei Tage, die Jungs 15 Tage Haft bekommen. Unsere Daten wurden aufgenommen, und wir mussten eine Strafe zahlen. Für mich waren es 200 Euro und für Joanna 100. Das ist sehr viel Geld für uns.«

In Belarus werden die Geldstrafen für die Gefangenen nach dem Durchschnittstageslohn berechnet. Zehn »basavych« zum Beispiel sind zehn Tageslöhne, umgerechnet 100 Euro. Kann man das nicht bezahlen, fallen Zinsen an, und der Staat kann letztlich das Konto pfänden oder das Auto, wie bei Joanna. Die Inhaftierten sind für den Staat eine gute Einnahmequelle. Mit diesen Einnahmen werden zum Teil die hohen Tagessätze für die OMON-Kräfte ausgeglichen, die bis zu 2000 Euro pro Einsatztag zusätzlich zum Lohn erhalten. Beide Seiten werden also mit Geld vom Staatsapparat in Abhängigkeit gehalten. Kündigen Polizisten oder OMON-Kräfte ihren Dienst, müssen sie die Zusatzleistungen zurückzahlen, was in die Tausende Euros gehen kann. Gefangene hingegen können ihr Hab und Gut verlieren, wenn sie beim Termin ihre Strafen nicht begleichen.

Nadieja hat ihre Strafe nur zur Hälfte bezahlt. »Bei mir wurden deshalb die Möbel beschlagnahmt. Bei uns heißt das offiziell, ›in Haft nehmen‹. Als vorhin mein Handy klingelte, war das mein Mann. Er hat mir mitgeteilt, dass unsere Mikrowelle und der Staubsauger gerade ›verhaftet‹ wurden.«

Unwillkürlich müssen wir über die Vorstellung eines Staubsaugers in Haft lachen, so absurd erscheint uns dieses Vorgehen. Aber die Situation ist ernst.

Nadieja erklärt:

»›In Haft nehmen‹ bedeutet, dass dir etwas nicht mehr gehört. Verpfänden. Zum Beispiel Joannas Auto. Du darfst es dann nicht mehr verkaufen oder verschenken. Es ist auch verboten, sich mit einem ›verhafteten‹ Auto über die Landesgrenzen hinweg zu bewegen. Auch wenn die Strafe weit geringer ist als der Wert des Autos, spielt das keine Rolle. Wenn jemand keine Arbeit hat, um die Strafe zu bezahlen, wird er zur Arbeit gezwungen, und sein Lohn kommt in die Staatskasse.«

Joanna erzählt weiter:

»Vor der Wahl wurden alle gezwungen, die in staatlichen Betrieben arbeiteten, wie ich in der Klinik, zu den Demonstrationen zu gehen, die für Lukaschenko organisiert worden waren. Die Klinikleitung war systemtreu. Ich wollte mich nicht zwingen lassen und habe zu unserem Chefarzt gesagt, dass ich eine andere politische Meinung habe und nicht hingehen würde. Daraufhin hat er laut mit mir geschimpft: ›Du wirst hingehen und basta!‹

Ich blieb stur. Für meine Haltung wurde ich dann gemobbt. Anfangs bekam ich nur die Hälfte meines Monatsgehalts. Und fortan, wenn wir uns begegnet sind, hat er mich beleidigt, dass ich schlecht arbeiten, zu nichts taugen würde und so weiter. Das ging wochenlang, er ließ nicht von mir ab. Er übte unglaublichen Druck auf mich aus, das machte mich wütend. Jahrelang war ich für das Juristische zuständig gewesen, ich habe meine Arbeit tadellos erledigt, und jetzt plötzlich sollte ich eine schlechte Mitarbeiterin sein?

Als er nach der Wahl von meiner Festnahme erfahren hat, war es aus. Ich konnte nicht mehr auf meiner Arbeit erscheinen und habe aufgrund des Mobbings selbst gekündigt. Zum Glück hatte mein Mann noch Arbeit, und wir hatten wenigstens sein Gehalt.«

Während ihrer Teilnahme bei Straßenaktionen wurden die Schwestern vom Geheimdienst mit Videokameras beobachtet. Joanna berichtet:

»Das Video zeigte, wie wir einen jungen Mann, der am Boden lag, gerettet haben. Wegen dieser Aufnahme wurden wir vors Gericht gestellt und für die aktive Teilnahme an Massenprotesten angeklagt. Die Beweisführung dauerte drei Monate. Der Staatsanwalt hat die Angelegenheit untersucht, ein halbes Jahr später fand die Gerichtsverhandlung statt. Uns wurde noch ein Vergehen nach Paragraf 364 angehängt – Gewaltanwendung gegen Staatsbeamte. Es hieß, dass wir gegen elf Polizeibeamte gewalttätig geworden seien.« Nadieja erzählt, wie nach ihrer Flucht ein Polizeileutnant bei ihr zu Hause aufgekreuzt sei und ihren Ehemann nach dem Verbleib seiner Frau befragt habe.

»Mein Mann antwortete ihm, dass er keine Ahnung habe. Er hat zu ihm gesagt: ›Stellen Sie sich vor, sie hat elf Polizisten besiegt, in der Nähe standen weitere 30 Mann und die alle konnten nichts gegen sie ausrichten. Wie soll ich, ein einzelner Mann, eine so gefährliche Frau beeinflussen und kontrollieren können? Ich weiß nicht, wo sie ist, und ich will es auch gar nicht wissen! Ich bin froh, dass sie verschwunden ist. Mein Sohn und ich hatten wirklich Angst vor ihr!‹«

Wir lachen und kommen noch mal auf die Gerichtsverhandlung zurück. Nadieja betont, dass sie trotz allem dachte, in ihrem Land würde es Gerechtigkeit geben und es könne nicht sein, dass sie verurteilt werden.

»Aber es kam anders. Zu den Verhandlungen sind wir wie in den Zirkus gegangen, wir konnten nicht glauben, was sich dort abspielte. Es hätte sehr komisch sein können, wäre es nicht so tragisch gewesen, weil sich unser Leben komplett veränderte. Solchen Unsinn, wie wir ihn dort gehört haben, hatten wir zuvor noch nie gehört.«

Joanna, die Juristin, kann bis heute nicht glauben, wie tief das Recht in Belarus gebeugt wird.

»Du sitzt da, und dein Verteidiger tritt auf, aber er wird ständig unterbrochen, ihm wird das Wort entzogen, mitten in der Verhandlung kann gefordert werden, dass er das Mandat aufgibt und ein anderer Verteidiger übernimmt. Die Richter und Richterinnen haben uns und die Verteidigung andauernd erniedrigt, es war nicht auszuhalten.

Von der ersten Minute an war klar, dass die Verhandlung manipuliert wurde und das Gericht keine Objektivität walten ließ. Die OMON-Polizisten, die als die Geschädigten aussagen sollten, befanden sich nicht im Raum, sondern standen hinter einer halb geöffneten Tür. Als sie nach Beweisen gefragt wurden, die belegen, dass wir sie verprügelt haben, wie ärztliche Atteste oder Fotos von Verletzungen, haben zwei OMON-Polizisten geantwortet: ›Mein Chef hat mir befohlen, so auszusagen.‹

Es wurde alles protokolliert. Nach dem ersten Verhandlungstag hat man eine Pause von zwei Tagen angeordnet, wohl um weitere Zeugen auf ihre Aussagen vorzubereiten. Die Polizisten, die dann ausgesagt haben, haben auf fast alle Fragen geantwortet, dass sie sich an nichts erinnern könnten.

Tatsächlich haben elf Polizisten der OMON-Einheiten gegen uns ausgesagt, zum Teil haben sie von einem Zettel die Anschuldigungen abgelesen, dass wir sie bedroht haben sollen. Die Männer konnten wir nicht sehen, sie standen hinter einer Tür, damit man ihre Gesichter nicht erkennt.«

Es gibt Aussagen anderer Verurteilter, die von ähnlichen Vorgängen berichten. Das Recht scheint in Belarus nicht mehr zu gelten. Ich frage, ob es während der Verhandlung möglich ist, die Stimme zu erheben und sich selbst zu verteidigen. Ich kann mir nicht vorstellen, wie man es aushält, wehrlos vor einem korrupten Gericht zu stehen.

Nadieja antwortet:

»Egal, was wir gesagt haben, uns wurde nicht geglaubt oder eine noch so kleine Chance eingeräumt. Wir haben versucht, uns zu wehren. Wir waren sehr aktiv, haben die vermeintlichen Zeugen, ›unsere Opfer‹, gefragt, ob sie überhaupt wüssten, gegen wen sie aussagten, da sie hinter der Tür stünden und uns nicht sehen könnten.

Es gab zum Beispiel ein Foto von mir, wie ich auf der Straße stehe und einen Arm hebe. Ich habe das gemacht, um den Griff meiner Tasche, die mir vom Arm gerutscht war, wieder hochzuschieben, wie Frauen das halt so machen. Neben mir war ein Mann mit Baskenmütze zu erkennen. Er hat nicht wie ein Polizist ausgesehen und war angeblich mein ›Opfer‹. Es war klar, dass er sich nicht unter den vermeintlichen Zeugen befand, obwohl man dieses Foto als Beweis dafür anführte, dass ich diesen Mann tätlich angegriffen hätte. Das Bild würde zeigen, dass ich ihn hatte schlagen wollen. Was für ein Unsinn!

Man hat uns auch vorgeworfen, dass wir den Straßenverkehr blockiert hätten. Aber auf allen Videoaufnahmen, die vor Gericht unsere Schuld beweisen sollten, gehen wir brav auf dem Bürgersteig. Im Prinzip wurden alle Beweise für unsere Unschuld vor Gericht nicht anerkannt. Ehrlich gesagt, wir waren vor dem Prozess sehr zuversichtlich gewesen. Wir wussten, dass wir unschuldig waren. Nicht in unseren schlimmsten Träumen haben wir uns ausgemalt, dass wir solch einem Betrug ausgesetzt sein könnten. Unsere Verteidiger waren sich auch sicher, dass sie uns gut würden vertreten können, da es keine Beweise gegen uns gab und keine Gründe, uns zu bestrafen. Aber es kam anders. Wir erlebten einen Scheinprozess und wurden verurteilt.

Zuerst haben wir uns wehrlos gefühlt. Wir merkten schnell, dass wir nichts ausrichten konnten gegen das Gericht, das von vornherein gegen uns eingestellt war. Aber dann überwältigte uns die Gewissheit, dass sie für all das in der Zukunft zur Verantwortung gezogen werden würden. Dass ihnen eines Tages der Prozess gemacht wird und sie sich für ihre Taten vor einem internationalen Gericht verantworten müssen. Der Wunsch, dass es so kommt, ist überwältigend, und es gibt gegen diese Unrechtsprecher genügend Beweise.

Alles, was sich vor Gericht zugetragen hat, wurde von Vertretern der Organisation *Wjasna* (Frühling) protokolliert. *Wjasna* dokumentiert die aktuellen Prozesse, immer sitzt jemand im Saal und schreibt mit.«

Wjasna ist eine Menschenrechtsorganisation mit Sitz in Minsk, die bereits 1996 von dem Literaturwissenschaftler Alaksandr Bjaljazki mit dem Ziel gegründet wurde, politischen Gefangenen und ihren Familien rechtlich beizustehen.

Die Mitarbeiter von *Wjasna* helfen Familien bei der Suche nach ihren inhaftierten Angehörigen, sie protokollieren Gerichtsverhandlungen und dokumentieren Menschenrechtsverletzungen, sie erfassen die Zahlen der politischen Gefangenen und Gefolterten.

Das Erste, was jemand tut, wenn ein Angehöriger verschwindet: Er kontaktiert *Wjasna*. Im Juli 2021 wurde das Büro von *Wjasna* durchsucht, und alle Mitarbeiterinnen und Mitarbeiter, die sich in den Räumen aufhielten, wurden verhaftet. Steuerhinterziehung und die Vorbereitung von Unruhen wurden als Gründe vorgeschoben.

Alaksandr Bjaljazki war auch unter den Inhaftierten. In den 15 Jahren seiner Arbeit für die Menschenrechtsorganisation wurde er 20 Mal zu kurzen Arreststrafen verurteilt und zur Ableistung von Geldstrafen gezwungen. Viereinhalb Jahre verbrachte er im Arbeitslager. Er wurde bereits zwei Mal für den Friedensnobelpreis vorgeschlagen.

»Wir sollten unseren Einsatz für die Menschenrechte fortsetzen, selbst dann, wenn es keine Hoffnung gibt, dass es bald besser wird«, schreiben die Mitarbeiterinnen und Mitarbeiter von *Wjasna* aus dem Gefängnis und bleiben idealistisch wie der Gründer der Organisation, der nach der Rückkehr aus dem Arbeitslager seine Aktivitäten als Menschenrechtler unbeeindruckt fortsetzte.

2020 hat *Wjasna* rund 900 ähnliche Prozesse registriert wie den von Joanna und Nadieja. 2021 hat ein belarussisches Gericht die Social-Media-Aktivitäten von *Wjasna* als extremistisch eingestuft.

Wären die Schwestern direkt nach der Gerichtsverhandlung ins Gefängnis gekommen, hätten ihre Angehörigen bei *Wjasna* erfragen können, wo sie sind. Nadieja erzählt weiter:

»Zu jedem Gerichtstermin hat jede von uns eine Tasche mitgenommen fürs Gefängnis. Sie enthielt Kosmetika, ein Handtuch, Wäsche, ein Buch, etwas Papier und Stifte, eine Wasserflasche. Wir wussten nicht, was mit uns passieren würde. Die Verhandlung wurde immer wieder unterbrochen und vertagt. Wir nahmen die Taschen mit nach Hause und einige Tage später wieder mit ins Gericht.

Ich wurde dann am 10. März 2021 verurteilt. Zwei Tage später hielt ich das schriftliche Urteil in der Hand: dreieinhalb Jahre Arbeitslager. An diesem Tag wurde ich 50 Jahre alt. Statt einer Torte lagen Berge von Taschentüchern auf dem Tisch, und wir haben geweint. Meine Kinder konnten es nicht fassen, dass ihre Mutter, die sich immer an das Gesetz gehalten hatte, plötzlich für dreieinhalb Jahre ins Arbeitslager sollte.

Wenn man zu Arbeitslager verurteilt wird, wird man nicht gleich weggebracht, sondern wartet auf die Zuteilung und muss dann selbst zu dem Lager fahren und sich auch selbst eine Fahrkarte kaufen. Meist wird man in einen Kolchose-artigen Betrieb geschickt. Weil wir nicht sofort festgesetzt wurden, konnten wir unsere Flucht planen. Denn ins Lager zu gehen war keine Option.«

Joanna fügt hinzu: »Ich wusste, dass wir dort unsere Klappen nicht würden halten können, dass wir uns nicht hätten unterordnen können und damit unsere Situation nur verschlimmert hätten und ständig bestraft worden wären. Wir mussten einen Weg finden, Belarus zu verlassen. Zuerst haben wir versucht, gegen das Urteil zu klagen, aber wir hatten keine Chance. Wir mussten also weg. Uns blieben ein paar Wochen, um einen Ausweg zu finden. Es geschah dann quasi von Geisterhand. Es gibt viele helfende Hände in Belarus.«

Bei ihnen ist ein Mann aufgetaucht, ein anonymer Helfer, der Joanna und Nadieja den Weg gezeigt hat, um über die Grenze zu gelangen. Einzelheiten möchten sie aus verständlichen Gründen nicht erzählen. Grodno liegt zwar in der Nähe der polnischen Grenze, sie wird dort jedoch von Grenzbeamten bewacht. Durch den Wald über die Grenze zu kommen ist sehr schwer. Am Morgen des 18. Juni 2021 machten sich die Schwestern schließlich auf den Weg durch den sumpfigen Wald Richtung Litauen.

»Wir sind zuerst mit dem Auto zur Grenze gebracht worden und gegen 10 Uhr losgegangen, nur mit kleinen Rucksäcken, um nicht aufzufallen. Wir haben nichts Schweres mitgenommen, nur Dokumente und Wasser für den Weg. Am Treffpunkt gab uns unser

Helfer einen Kompass, und das Einzige, was er zu uns sagte, war, in welche Richtung der Zeiger weisen sollte. Wir haben zum ersten Mal im Leben einen Kompass in der Hand gehalten.«

Nadieja unterbricht sie kurz. »Wir trugen normale Sportschuhe aus Stoff. Irgendwann habe ich sie ausgezogen und bin barfuß weitergelaufen, weil die Schuhe immer im Schlamm stecken geblieben sind.«

Joanna erzählt weiter: »Überall war Sumpf, mit einem langen Stock haben wir geprüft, wohin wir den nächsten Schritt setzen können, ohne im Morast zu versinken. Es war schrecklich, und wir hatten Angst. Nadieja hat geweint, weil es angeblich nur zwei Stunden bis zur Grenze waren. Aber wir haben auch nach stundenlangem Laufen nirgends eine Grenze gesehen. Vielleicht sind wir im Kreis gelaufen. Das Wasser ging zur Neige, wir wurden allmählich panisch in diesem Wald. Der Tag war heiß, und ohne Wasser, mitten im Wald hatten wir keine Chance zu überleben. Die Mücken haben sich über unsere Anwesenheit in dem sonst menschenleeren Wald gefreut und uns gestochen, was das Zeug hielt. Unsere Stimmung wechselte jede Stunde: Mal waren wir zuversichtlich, dann wieder verloren wir den Mut, jemals durchzukommen. Dazu kam noch die Furcht, gefasst zu werden. Als Verurteilte hätten wir für die versuchte Flucht noch mehr Jahre im Lager bekommen, ich mag gar nicht daran denken, wie unser Leben dann ausgesehen hätte. Immer wieder haben wir die Richtung gewechselt, der morastige Untergrund machte es unmöglich, einfach geradeaus zu gehen.«

Joanna macht eine Pause und schaut zu Nadieja, die immer noch schaudert, wenn sie an die Flucht denkt. Sie erinnert sich, wie sie zunehmend weniger Kraft hatte, nicht mehr weitergehen wollte und weinte. Joanna versuchte, sie zu ermuntern. Sie hatten keine andere Wahl, als nach Litauen zu gelangen. Dann erzählt Joanna weiter, wie sie und ihre Schwester es schließlich doch aus dem Wald schafften.

»Es war ein heißer, langer Junitag, daher ging die Sonne auch ziemlich spät unter. In der Dunkelheit wären wir verloren gewesen. Wir hatten Furcht vor Wildschweinen und Wölfen, sahen hinter jedem Busch einen Bären kommen ... Nachdem wir zehn Stunden durch den Wald geirrt waren, erreichten wir endlich einen Platz, an dem ein belarussischer Grenzpfosten stand, dahinter lag ein großer See, und auf der anderen Seite des Sees haben wir litauische Grenzpfosten gesehen. Nadieja, die eine gute Schwimmerin ist, wollte ins Wasser springen und rüber schwimmen. Ich kann aber nicht schwimmen, also mussten wir um den See herumlaufen, unser Weg hat sich dadurch verlängert.

Zu diesem Zeitpunkt waren wir so müde und fertig, dass es uns egal war, ob wir gesehen wurden. Immerhin gingen wir auf dem Weg, wo die Grenzsoldaten kontrollierten, es war also riskant, wir hätten entdeckt werden können. Aber als wir den litauischen Grenzpfosten sahen, kam neue Kraft in unsere Beine, wir gingen schneller, rannten die letzten Meter fast nach Litauen. Wir waren froh, es endlich geschafft zu haben.

Plötzlich hörten wir Hundegebell, es drang aus einer Hütte. Dort trafen wir auf einen Mann. Er reagierte sehr freundlich, gab uns zu trinken und etwas zu essen. Ihn haben wir dann gebeten, litauische Grenzer zu rufen. Der Mann wusste, woher wir kamen. Auf dieser Route waren immer wieder Flüchtlinge unterwegs. Es schien für ihn nicht außergewöhnlich, Menschen, die auf der Flucht waren, zu bewirten.

Die Grenzer kamen und brachten uns zu einem Haus. Dort wurde uns ein Zimmer mit frischer Bettwäsche zur Verfügung gestellt und Kaffee und Schokolade angeboten. Alle waren sehr herzlich und betroffen von unserer Geschichte. Uns kamen die Tränen, weil wir es geschafft hatten und in Sicherheit waren, das war ein überwältigendes Gefühl. Hätten uns belarussische Grenzer erwischt, wären wir zu noch höheren Strafen verurteilt worden. Wir waren unfassbar glücklich, dass wir unbeschadet durch den Sumpf gekommen waren.«

Joanna und Nadieja zeigen mir ein Foto auf dem Handy, das von ihnen gemacht wurde, unmittelbar nachdem sie aus dem Wald gekommen waren. Zwei mit Schlamm bespritzte Gestalten, »zwei

Waldmonster«, wie sie sich selbst bezeichnen, müde, aber erleichtert lächelnd.

»Gleich nachdem wir drüben waren, in Sicherheit, haben wir unsere Nachbarn angerufen, damit sie unsere Familien informieren. Wir wollten unsere Familien nicht anrufen, denn wir befürchteten, dass unsere Telefone abgehört wurden. Drei Tage verbrachten wir in diesem Gästezimmer nahe der Grenze, dann wurden wir von einer Fluchthilfe-Organisation aus Vilnius abgeholt. Mit ihrer Unterstützung haben wir eine Übergangswohnung in Vilnius bekommen, weil wir aber ein polnisches Visum hatten, durften wir nicht bleiben. Das Problem war, dass wir nicht offiziell nach Polen hätten ausreisen können. Die Belarussen hätten uns nicht gehen lassen, und die Grenze war zu gut geschützt, um zu Fuß nach Polen zu laufen, deshalb mussten wir den Umweg über Litauen nehmen.«

Ich frage, wie es ihnen in der ersten Zeit nach der Flucht in Vilnius ergangen ist. Ich kann mir kaum vorstellen, dass sie sich die Stadt angeschaut haben, als wären sie Touristinnen.

»Wir haben den ganzen Tag geweint. Nachdem die Aufregung sich etwas gelegt hatte, haben wir den Ernst unserer Lage erkannt. Wir haben uns große Sorgen gemacht, was aus uns werden sollte. Wir haben auch sehr empfindlich reagiert. Wenn zum Beispiel ein Polizeiauto an uns vorbeifuhr, sind wir vor Schreck erstarrt, obwohl uns in Vilnius keine Gefahr drohte. Aber das belarussische Trauma hat sich in unsere Seele eingenistet. Selbst hier in Polen, obwohl mittlerweile vier Monate seit der Flucht vergangen sind, zucken wir beim Anblick eines Polizeiautos immer noch zusammen. Irgendetwas warnt uns … Die Angst ist geblieben. Gut, dass wir zu zweit sind, wir reden viel miteinander. Wenn man allein ist, kann man in so einer Situation wirklich verrückt werden.

Wir waren zwei Monate in Vilnius, bis wir von einer Hilfsorganisation Flugtickets erhielten und nach Warschau geflogen sind. In Polen hatten wir zwar unser Ziel erreicht, aber unsere Lebensbedingungen verschlechterten sich, weil wir in einem Flüchtlingsheim nur ein kleines Zimmer zugewiesen bekamen. In Warschau, der großen Stadt, fühlten wir uns sehr fremd, es war kein guter Ort für uns. Durch eine entfernte Cousine kamen wir dann nach Zielona Góra. Aber auch hier ist es für uns nicht so richtig gelaufen, obwohl wir Arbeit gefunden haben. Morgen ziehen wir nach Białystok, in die Nähe der belarussischen Grenze und nicht weit entfernt von Grodno.«

In Zielona Góra sind die Wohnungen teuer, auch die Arbeit, die sie über eine Arbeitsvermittlung für ukrainische Zeitarbeitskräfte gefunden haben, war viel zu schwer für die beiden Frauen. Für einen sehr geringen Lohn stapelten sie schwere Kartons in einer Druckerei. In Belarus hatten sie gehobene Anstellungen mit entsprechenden Gehältern. Beide betonen, wie gern sie in ihren Berufen gearbeitet haben und wie schwer es jetzt für sie ist, in der Fremde, ohne ausreichende Sprachkenntnisse und in ihrem Alter durchzukommen. In der trostlosen Pension war die Vorstellung unmöglich, heimisch zu werden. Jedes Zimmer, davon konnte ich mich selbst überzeugen, war mit ukrainischen Arbeiterinnen und Arbeitern belegt, die die polnische Schattenwirtschaft am Laufen halten, wie früher türkische Arbeitskräfte in den Grauzonen Deutschlands schufteten. Das Zuhause von Joanna und Nadieja bleibt Grodno.

Nadieja erzählt: »Wenn die Kinder uns anrufen, sagen sie, dass zu Hause die Wärme fehlt, es leer ist ohne uns. Sie sind lieber bei ihrer Arbeit als zu Hause. Mein Mann muss sich jetzt allein um den großen Garten kümmern.

Wir hatten ein schönes Leben, und nach dem 50. Geburtstag sollte es noch schöner werden. Wir haben sogar Fernreisen unternehmen können, waren in Italien gewesen, in Paris, in Polen und in Russland. Das ging bis 2019, danach ist alles zu teuer für uns geworden. Die Wirtschaft im Land ging den Bach runter. In den vergangenen drei Jahren habe ich in drei verschiedenen Betrieben gearbeitet, die Firmen sind alle bankrottgegangen. Nie haben wir an Emigration gedacht. Wir haben gern in Belarus gelebt, es ist unser Land. Alles ist bislang immer gut gegangen, es hat sich immer alles gefügt …

Wir lieben unsere Familien, wir haben gern Zeit miteinander verbracht und auf unsere Weise Feste gefeiert: mit Spielen wie Scharade oder mit Tischtennis, Volleyball, es war immer lustig. Unsere Kinder haben lieber mit uns Geburtstag gefeiert als mit ihren Freunden. Bis auf den letzten Geburtstag meines Sohnes und von mir, da haben wir viel weinen müssen. Sogar diese privaten Momente hat uns der Staat genommen.

Jetzt versuchen wir, wenn sie uns anrufen, nicht die Fassung zu verlieren. Wir scherzen mit den Kindern, lachen, sprechen über irgendwelchen Blödsinn, wie wir es immer gemacht haben, wie es bei uns zu Hause üblich war.«

Ich frage, wie sie nach der Flucht finanziell über die Runden gekommen sind.

»Wir haben von Anfang an gearbeitet und waren uns für nichts zu schade. In Litauen haben wir geputzt, obwohl wir Akademikerinnen sind. Man muss überleben, irgendwie. Das Wichtigste ist, zu den Aktionen zu gehen, an den Protesten teilzunehmen. In Vilnius haben wir das machen können, es gab viele Zusammenkünfte, wir haben uns einen neuen Freundeskreis unter den Diaspora-Belarussen aufgebaut. Hier in Zielona Góra passiert nichts, auch deshalb gehen wir nach Białystok. Diese Aktionen geben unserem Leben nach der Flucht einen Sinn.

Wir sind Swetlana Tichanowskaja sehr dankbar, dass sie und ihr Stab diese wichtige politische Arbeit leisten und in der westlichen Welt auf die Situation in Belarus hinweisen und nicht aufhören zu kämpfen. Ihre Haltung gibt uns Kraft, damit unterstützen wir auch die stillen Protestaktionen in Belarus. Wir sind sicher, dass es Streiks geben wird, neue Formen des Protests. Jeder hat in seiner Familie oder im Freundeskreis jemanden, der schon einmal im Arrest oder Gefängnis war. Mit dieser Erfahrung kann man das Regime nicht länger unterstützen. Die Zeit kann man nicht zurückdrehen.«

Es interessiert mich, ob Nadieja oder Joanna eine Familie kennen, in der jemand für die Spezialeinheiten OMON arbeitet. Nadieja erzählt von ihrer Nachbarin.

»Ihr Mann war OMON-Polizist. Seit der Proteste hat sie sich sehr zurückgezogen, aber auch wir wollten mit ihr und ihrem Mann nichts mehr zu tun haben. Wie kann man Unschuldige, die gegen Betrug protestieren, verprügeln, gar foltern? Das gehört vor Gericht, vor einem menschlichen wie vor einem göttlichen. Das sagen wir, obwohl wir nicht in die Kirche gehen. Gott ist im Herzen und überall, er ist mit einem, wenn man zu anderen gut und hilfsbereit ist. Wir haben immer in guter Absicht gehandelt. Wenn ein Hungriger zu uns kommt, geben wir ihm Essen und einen Schlafplatz. Dank dieses Prinzips habe ich meinen Mann kennengelernt.«

Joanna setzt die Geschichte fort, während Nadieja ihren Erinnerungen nachhängt und still vor sich hin lächelt: »Unser Vater ist Taxi gefahren. Eines Tages fuhr er die Eltern eines jungen Soldaten, sie wollten ihn von der Kaserne abholen. In den Hotels gab es keine freien Zimmer mehr, sie fanden nirgends einen Platz. Da hat unser Vater kurzerhand beschlossen, sie mit zu uns zu nehmen. Sie schliefen im Wohnzimmer. Der junge Soldat, heute mein Schwager, hat dann ein Auge auf meine Schwester geworfen, und seitdem sind sie zusammen. Damals waren sie 19 Jahre alt.«

Mit diesen schönen Erinnerungen beenden wir das Interview. Wir beschließen jedoch, noch Tatiana, eine Freundin von mir in Zielona Góra zu besuchen und zusammen zu Abend zu essen. Ich rufe ein Taxi. Der Taxifahrer ist schlecht gelaunt, aber gesprächig, er erzählt mir auf Polnisch, wie fremd er sich in Zielona Góra fühlt, obwohl er hier geboren ist.

Es stellt sich heraus, dass er viele Jahre in Florida gelebt hat. Dort ging es ihm gut, es war für ihn das Paradies. Weil er sich um seine alte Mutter kümmern musste, kam er notgedrungen in die Heimat zurück.

Das Gespräch übersetze ich den Schwestern nicht. Als wir bei Tatiana ankommen, steigen die beiden aus, während ich noch die Rechnung begleiche. Als ich aussteige, fragt mich der Taxifahrer, woher die beiden Frauen kommen. In wenigen Sätzen fasse ich die Geschichte von Joanna und Nadieja zusammen. »Die Fahrt war kostenlos«, sagt er daraufhin, gibt mir das Geld zurück und braust davon.

© Dorota Danielewicz

Marharyta Shysha (geb. 1999)

ALLE PLÄNE, DIE ICH HATTE, LÖSTEN SICH IN NICHTS AUF

Marharyta ist 22 Jahre alt. Ihr Design-Studium an der Janka-Kupala-Universität in Grodno hat sie unterbrechen und nach Litauen auswandern müssen. Ihr Freund, der gemeinsam mit ihr im Studentenbund aktiv war und nach den Protesten zehn Tage inhaftiert gewesen war, hatte ihr dazu geraten, das Land zu verlassen, bevor auch sie verhaftet würde. Marharyta studiert jetzt an der Europäischen Humanistischen Universität in Vilnius, der Zufluchtsstätte vieler politisch verfolgter Menschen aus Belarus. Sie ist in einem Studentenwohnheim untergekommen. Neben dem Studium jobbt sie in einem Restaurant. Die Arbeit hat nichts zu tun mit Marharytas größtem Talent: Sie kann sehr gut zeichnen und entwirft Mode, die viele Frauen gern tragen würden. Auf ihrem Handy zeigt sie mir Fotos ihrer Entwürfe: Die Kleider sind von den traditionellen Mustern der Volkstrachten inspiriert, haben aber einen modernen Schnitt. Sie gefallen mir gut.

»An der Janka-Kupala-Uni in Grodno habe ich nur drei Semester studiert. Ich war eine der Besten. Es ist so unwirklich, so unfassbar, dass sich innerhalb weniger Wochen alles grundlegend gewandelt hat: Ich habe mein Zuhause verloren, meinen Studienplatz, meine gesamte Umgebung. Meine Welt brach komplett zusammen, alle

Pläne, die ich hatte, lösten sich in nichts auf. Nur, weil ich zu meinen Überzeugungen gestanden habe, weil ich versucht habe, die Rechte der Studierenden zu verteidigen, flog ich von der Uni.«

Marharyta schaut mich ernst durch ihre Brillengläser an. Ihr Gesicht wirkt jung und reif zugleich, umrahmt von einem dunkelblonden kurzen Bob. Bis vor Kurzem hat sie noch bei ihren Eltern gelebt, mit den Haustieren gespielt, war fast noch ein Kind, jetzt ist sie allein in der Fremde, ganz auf sich gestellt. In den wenigen Monaten der Proteste und in der Emigration hat sie bereits so viel erlebt wie andere in Jahren nicht.

»Einen Tag vor den Wahlen, am 8. August 2020, habe ich auf den Straßen von Grodno Panzer gesehen. Das hat mich schockiert, ich habe nicht verstanden, warum sie unterwegs waren. Natürlich hatte ich schon Panzer gesehen, aber das waren Kriegsdenkmäler in der Stadt, unbeweglich. Am nächsten Tag gab es kein Internet, erst am 12. August 2020 wurde es wieder freigeschaltet. Keiner wusste, was gerade passiert, wir konnten nichts googlen, wir hatten keinerlei Zugang zu irgendwelchen Presseinformationen. Erst nach dem Einschalten des Internets konnte ich mich mit meinen Freundinnen austauschen, ich habe von ihren Reaktionen auf die gefälschte Wahl erfahren, ich habe gecheckt, wer zu den Protestdemos gegangen ist.

Am 12. August verabredeten wir uns zu einem Frauenmarsch mit Blumen. Wir trafen uns in der Stadt und sahen dort auf einer Mauer einen Typen sitzen, der verdächtig wirkte. Zuerst dachte ich, dass er ein »tichij«, ein KGB-Spion, sei, aber er gab mir die Hand und sagte: ›Hallo, ich bin das glatzköpfige Monster.‹ Ich habe gelacht, als sich herausstellte, dass er einer der Unilektoren ist. Wir haben uns auf Anhieb gut verstanden und begannen, Pläne zu schmieden für Veränderungen an der Universität. Wir waren sehr motiviert. Das war die Qualität jener Zeit – der Glaube, dass wir endlich etwas im System bewegen könnten.

Unsere Rektorin hieß Irina Fiodorovna. Sie war auch Stadträtin. Sie sollte unsere Ansprechpartnerin sein. Wir haben noch auf der Demonstration beschlossen, an dem darauffolgenden Montag im Hauptauditorium Irina Fiodorovna zu treffen und mit ihr über mögliche Veränderungen an der Universität zu sprechen. In dieser Phase waren wir 13 Studierende und drei Lektoren der Universität, wir bildeten eine Art Komitee. Wir nahmen uns vor, eine Reihe von Fragen vorzubereiten und sie dann der Rektorin vorzulegen. Am Tag des Treffens kam sie und sagte gleich zu Anfang, dass sie mit uns nicht über Politik sprechen wolle. Das hieß, dass sie unsere Fragen nicht gelesen hatte, denn alle betrafen politische Themen. Natürlich wussten wir, dass sie regierungstreu ist, wir haben dennoch versucht, mit ihr ins Gespräch zu kommen. Unsere Vorstellungen waren naiv, wir wollten sie darum bitten, dass sie als Rektorin und Stadträtin zur Überprüfung der manipulierten Wahl beiträgt. Ihre Antwort lautete, nein, auf keinen Fall würde sie sich um die Wahl kümmern, wenn überhaupt, könnten wir über Hochschulangelegenheiten sprechen, aber nicht über mehr.

Am 24. August sollten wir ein Treffen mit dem Bürgermeister haben. In Grodno gab es inzwischen einen neuen Bürgermeister, der frühere war von KGB-Vertretern aus Minsk nach den Protesten abgesetzt worden, weil er sich zu liberal verhalten hatte. Erneut haben wir eine Liste mit Fragen aufgesetzt. Als es zu diesem Treffen kam, wurde uns, anstatt über die Fragen zu diskutieren, anderthalb Stunden lang erklärt, dass wir Gesetze gebrochen hätten, dass wir die Ersten gewesen wären, die mit weiß-rot-weißen Flaggen durch Grodno gelaufen seien ... Wir konnten nicht glauben, wie absurd dieses Gespräch war. Die eine Seite, wir Studierenden, wollte mit der anderen Seite, der Stadtverwaltung, sprechen, doch die war taub und starr wie eine Wand.

Am 28. Oktober wurden die Eltern der Studierenden von den Dekanen angerufen. Meine Eltern waren die ersten. Zunächst wurde mit meiner Mutter gesprochen, sie reagierte sehr nervös. Mein Vater hat erst am Abend zugegeben, dass man auch ihn angerufen hatte. Meine Eltern sind nicht gerade Lukaschenko-Fans, aber sie waren auch noch nie politisch aktiv. Ihnen reicht es, am Küchentisch ein bisschen über die Zustände im Land zu schimpfen.

Wir wohnen etwas außerhalb der Stadt. Als meine Mama erfuhr, dass ich nach Grodno zu den Protesten gefahren war, anstatt einen Jungen zu treffen, war sie, gelinde gesagt, nicht sehr angetan. Tja, ich habe immer gesagt, dass ich Freunde treffe, was auch die Wahrheit war, bloß haben wir uns nicht nur getroffen, sondern auch gemeinsam demonstriert.

Meine Mutter wurde richtig hysterisch. Nach dem Anruf aus der Universität hat sie mich sofort kontaktiert, ich war unterwegs und musste sie beruhigen. Wir haben dann beschlossen, nicht am Telefon, sondern zu Hause miteinander zu sprechen, weil wir nicht sicher waren, ob die Telefone abgehört würden. Nach der Benachrichtigung meiner Mutter rief ich umgehend im Dekanat an. Ich war wütend, weil man mich offensichtlich nicht ernst nahm. Als Volljährige bin ich für mich selbst verantwortlich. Ich konnte nicht verstehen, warum man meine Mutter in meine Angelegenheiten hineinzieht.

Im Büro des Dekanats sagte man mir, dass angeblich keiner wüsste, wer meine Eltern angerufen hätte. Ich sollte mich in zehn Minuten noch mal melden. Aber auch dann wusste keiner etwas von einem Anruf, also habe ich später ein weiteres Mal angerufen. Beim dritten Mal hatte ich die Dekanin direkt in der Leitung. Sie sagte mir, dass sie mit meinen Eltern über meine Versetzung hatte reden wollen. Das heißt, dass ich mit einer Relegation bestraft werden sollte. Ich antwortete ihr, dass meine Eltern nichts zu sagen hätten in der Frage, wohin ich versetzt werden sollte. Die Dekanin antwortete, dass sie mit allen Eltern der Studierenden sprechen würden. Darauf meinte ich, das sei mir egal, sie müsse mit mir sprechen. Die Dekanin schnauzte mich an, aber ich bestand auf meinem Recht.

Solange ich eine ruhige und gute Studentin war, drei Semester lang, hatte keiner mit mir geschimpft, hatte niemand in offizieller

Mission bei mir zu Hause angerufen, aber jetzt plötzlich wurde ich am Telefon angeschnauzt? Das gefiel mir nicht.«

Marharyta erzählt mir lachend von diesen Vorkommnissen, sie ist selbstbewusst, weiß genau, was sie will. Eine junge Frau mit Ideen, von denen sie nicht leicht abzubringen ist. Eine Charaktereigenschaft, die in einem autoritären System, wo Opportunismus im Überlebenskampf hilfreicher ist als ausgeprägter Individualismus, negativ auffällt.

»Ich wurde zur Dekanin gerufen, vor Aufregung war ich sogar eine Stunde zu früh dort. Die Dekanin hat mich überfreundlich begrüßt, mir Tee angeboten. ›Ich bin nicht hierhergekommen, um mit Ihnen Tee zu trinken‹, sagte ich. Daraufhin wurde die Dekanin zurückhaltender, trotzdem hat sie mich eine Viertelstunde lang gelobt, wie begabt, besonders und hübsch ich sei. Ich weiß selbst, dass meine Leistungen sehr gut sind, nie habe ich den Unterricht ausfallen lassen und bislang auch nie Konflikte an der Uni gehabt. Ich gehörte zu den braven, herausragenden Studentinnen, sozial und hilfsbereit.

Das Gespräch mit der Dekanin lief genau in diese Richtung: Du bist doch so brav, und jetzt pass auf, dass du nicht vom Weg abkommst. Über meinen Weg entscheide ich selbst, habe ich ihr geantwortet. Ich habe gute Noten, und das wird so bleiben, meine Aktivitäten haben keinen Einfluss auf mein Studium. Aber dann veränderte sich die Tonlage, die Dekanin erwähnte andere Studierende, die an andere Universitäten strafversetzt oder sogar vom Universitätsbetrieb ausgeschlossen wurden, ich hörte sehr wohl den Unterton – ›meine Liebe, auch dein Leben kann ich zerstören, wenn du so weitermachst‹.

Nach dem Studium werden uns Arbeitsstellen vorgeschlagen, die wir anzunehmen haben. Die Dekanin gab mir Beispiele von Absolventen, die in kleinen Dörfern, in Kolchosen gelandet waren, auf Stellen also, die kaum zu ihrem Ausbildungsprofil passten. Ich ahnte, worauf sie hinauswollte. ›Ich bin doch erst im vierten Semester‹, sagte ich. ›Ich habe noch viel Zeit und muss mir jetzt noch keine Gedanken über die Arbeit nach der Uni machen. Warum erzählen Sie mir das alles?‹, fragte ich. ›Weil ich mit dir auch so verfahren kann‹, antwortete die Dekanin ehrlich. Es war klar, dass sie mich unter Druck setzen wollte. In dem Moment klingelte es – es war das Zeichen, dass die Vorlesung gleich beginnt, und ich habe das Büro der Dekanin verlassen.«

In Belarus gibt es zwei Formen des Studiums: Wer sein Studium privat finanziert und seine Ausbildung selbst bezahlt, dem steht es danach frei, sich auch selbst eine Anstellung zu suchen. Daneben gibt es die Möglichkeit eines staatlichen Stipendiums, jedoch abhängig von den Noten – je besser die Noten, desto höher das Stipendium. Marharyta hatte ein staatliches Stipendium, das bedeutete, dass sie nach dem Studium zweieinhalb Jahre in einem von der Universität ausgewählten Betrieb hätte arbeiten müssen, um so die Kosten für das Studium abzutragen. Bei der Zuweisung macht es natürlich einen Unterschied, ob man in der Großstadt oder in der Provinz landet. In der Kolchose würde eine Designerin kaum ihr Talent zum Ausdruck bringen können. Die Studierenden können sich zwar auch selbst einen Arbeitsplatz suchen, das Dekanat muss dann jedoch zustimmen. Bei einer als politisch unsicher geltenden Person kann das Dekanat den besseren Arbeitsplatz verhindern und einen anderen Job vorschlagen, dazu ist es berechtigt.

»Ich habe natürlich nicht aufgegeben und schon kurze Zeit nach diesem Gespräch war ich an der Uni als Studentin bekannt, die sich für Aktionen und Zusammenkünfte, auch allgemeine, engagiert. Ich wurde sogar zur Sprecherin meiner Fakultät gewählt. Am 7. September war die erste Aktion, die ich mitorganisiert und an der ich teilgenommen habe. Wir waren 30, 40 Leute, die Lieder im Hauptgebäude der Universität gesungen haben. Als der Prorektor uns dort sah, rief er: ›Alles verboten!‹ Dieser Ausspruch hat sich in Windeseile verbreitet und wurde, wahrscheinlich für ihn selbst überraschend, zu einem geflügelten Wort. Das nächstes Mal haben wir in einem anderen Gebäude gesungen, und zwar die Lieder ›Mauern‹ (Mury), die ›Drei Schildkröten‹ und ›Kupalinka‹. Vor allem das Lied die ›Drei Schildkröten‹ drückt eine große Liebe zu Belarus aus. Nicht direkt, denn es ist sehr poetisch und voller Metaphern, aber wir empfanden es als programmatisch für uns, wir fühlten den verborgenen Sinn des Textes. In den ›Drei Schildkröten‹ wurde im Sommer 2020 eine Zeile umgedreht: Aus ›Warte nicht, es wird keine Überraschungen geben‹ wurde: ›Warte nicht, es wird eine Überraschung geben‹.

Das Gebäude, in dem wir uns zum Singen verabredet hatten, hat eine hervorragende Akustik, und so war unser Gesang in der ganzen Uni zu hören. Alle, die vorbeikamen, zeigten Gesten der Solidarität. Sie machten die Faust, das Herz oder das V-Zeichen, sodass wir noch inbrünstiger und lauter gesungen haben. Der Prorektor kam immer wieder aus seinem Büro gerannt und wiederholte das uns längst bekannte: ›Alles verboten!‹ Wir fragten ihn, ob Singen etwa auch verboten sei? Vielleicht auch das Atmen? Und er antwortete: ›Ja, alles verboten.‹

Es gab also zwei Zusammenkünfte, bei denen gesungen wurde, beim dritten Treffen wollten wir uns untereinander einfach nur kennenlernen. Wir standen zusammen in der Gruppe, als die Dekanin unserer Fakultät zu uns kam und anfing, uns Fragen zu stellen: Was macht ihr hier? Wozu steht ihr hier herum? Wir wollen die Telefonnummern eurer Professoren.

Wir ließen uns nicht auseinandertreiben, sondern zogen geschlossen weiter auf die Treppe – in dem Gebäude gibt es eine malerisch verschlungene Wendeltreppe. Auf jeder Stufe stand jemand, und ich stand zufällig ganz oben, direkt vor dem Prorektor. Er schaute mich streng an und behauptete, dass wir die Feuerschutzbestimmungen der Universität missachten würden. Er sagte auch, dass wir uns hier nicht aufhalten dürften. Wir fragten erstaunt zurück, warum wir als Studierende dieser Universität uns nicht auf deren Gelände aufhalten dürfen?

Der Prorektor hat mich mit seinem Gerede genervt, ich hatte keine Lust mehr, ihm weiter zuzuhören. Deshalb drehte ich mich von ihm weg und den anderen Studierenden zu. Ich habe angefangen, mit den Fingern zu schnipsen und gerufen, dass ich vorschlage, ›Drei Schildkröten‹ zu singen. Alle stimmten ein, und wir haben angefangen zu singen.«

»Drei Schildkröten« von der Band N.R.M. von Ljawon Wolskij entstand im Jahr 2000. Das Lied thematisiert die Vergeblichkeit aller Mühen angesichts des ewigen Laufs der Dinge (egal, was man tut, die Erde wird immer von drei Schildkröten getragen). Es wurde zu einer Hymne des Protests. Ljawon Wolskij gilt als Ikone der Alternativbewegung von Belarus. »Mit Literatur, Ironie, Musik und Mut« setzt er sich gegen das Regime von Lukaschenko ein. So beschreibt er selbst seine Haltung.

»Meiner Meinung nach hat der Prorektor durch seine unverhältnismäßige Reaktion auf unsere kleine Zusammenkunft die Singaktion erst provoziert. Eigentlich hatten wir uns einfach nur kennenlernen wollen. Wir haben uns einander vorgestellt, uns umarmt. Wir hatten nicht vorgehabt, Lieder zu singen, die als Ausdruck der Protestbewegung gelten. Erst als uns diese einfache Zusammenkunft verboten wurde, haben wir mit Gesang reagiert.

Der Prorektor ist daraufhin sehr sauer geworden, am liebsten hätte er uns wohl die Treppe hinuntergeschubst, weil wir seine Autorität nicht anerkannt haben. Dann kam er auf die Idee, uns das Treffen zu verbieten, weil wir angeblich die Treppe blockierten. Nachdem er uns dies mitgeteilt hatte, ging eine junge Frau die Treppe hoch und meinte, dass wir keineswegs stören würden, aber er würde stören, weil er im Durchgang stünde. Der Prorektor hat vor Wut auf den Boden gespuckt und ist gegangen.

Kurz darauf wurden wir zu einem Vortrag bestellt, bei dem man uns darüber belehrte, dass wir falsch vorgegangen seien, schlecht singen würden und überhaupt Dinge veranstalteten, die – ohne dies zu erklären – zu verurteilen seien. Man hat uns einige Tage nach dem Vorfall auch eine didaktische Broschüre ausgehändigt, die tatsächlich extra für uns hergestellt worden war. So ein furchtbares Design hatte ich noch nie gesehen. Alle Grundsätze des Grafikdesigns waren auf den Kopf gestellt, und das an einer Kunstfakultät! Was man uns da in die Hand gedrückt hat, war das Gegenteil von Harmonie und Schönheit.

Wir haben es abfotografiert und, mit einer ironischen Unterschrift versehen, gepostet. Alle haben darüber gelacht und es anschließend wieder vergessen. Dann gab es noch eine Aktion, bei der wir schwarz gekleidet waren, wir standen schweigend da und haben Poster hochgehalten, die ich vorbereitet hatte. Auf den Postern stand nur der Satz des Prorektors: Alles verboten.

Ich wurde erneut in das Büro der Dekanin gerufen, sie war wütend auf mich. Aber ich habe nicht verstanden, warum. Man hat uns verboten zu singen, man hat uns verboten, uns zu versammeln, daraufhin haben wir nur still dagestanden – was sollte daran verkehrt sein? Danach haben Kommilitonen ein Foto vom Prorektor mit Photoshop bearbeitet, ihm rote Ohren verpasst, sie haben aber auch das berühmte Kuss-Foto von Breschnew und Honecker bearbeitet und die Gesichter von Lukaschenko und dem Prorektor eingesetzt. Das haben sie dann überall in die Männertoiletten gehängt.

Es gab eine furchtbare Aufregung, und seitdem haben die Angestellten der Universität immer darauf geachtet, ob irgendwo Flyer oder Aufkleber verteilt würden. Wir haben jedoch weiterhin welche gedruckt und fanden einen idealen Weg, sie zu verbreiten: Wir legten sie einfach in die Fächer für die amtlichen Benachrichtigungen und Anzeigen. So konnten wir wochenlang unbemerkt unsere Scherze treiben, und das Dekanat kam nicht dahinter.

Als Gruppe unabhängiger Vertreter der Studierenden haben wir uns schließlich ernsthaft gefragt, welchen Sinn die Zugehörigkeit zu den unterschiedlichen offiziellen Studentenvereinigungen hat. Wir haben zum Beispiel umgerechnet einen Rubel im Monat Beitrag geleistet, dafür durften wir umsonst einmal im Monat ins Kino. – Das

Ticket kostete ebenfalls einen Rubel. Wir haben uns gefragt, warum dieser Umstand, die Gebühr könnte man doch auch einfach weglassen.

Wir haben dann auch unsere Treffen besser geplant, sodass wir uns schneller auflösen konnten, wenn wir entdeckt wurden.«

Die Erzählungen von Marharyta klingen wie Anekdoten einer Gruppe aufmüpfiger Studierender an der Janka-Kupala-Universität. An ihrem leichten Ton, den ironischen Kommentaren und dem glockenhellen Gelächter lässt sich nicht erkennen, wie dramatisch sie und ihre Kommilitonen die Lage im Herbst 2020 in Belarus eingeschätzt haben. War es ein Kampf um Mitentscheidung oder waren es tatsächlich nur Späße von Studierenden, die die Gunst der Stunde genutzt haben, um ein bisschen frischen Wind in die erstarrte Welt des regimetreuen Unibetriebes zu bringen?

Ich frage Marharyta nach den eigentlichen Zielen ihrer Aktionen.

»Mit der Zeit wurde es uns immer ernster. Ich wurde zur Leiterin des Streikkomitees unserer Uni gewählt, wir haben andere Universitäten im Land kontaktiert, um gemeinsame Aktivitäten zu planen. Zu der Gruppe gehörten jeweils zwei, drei Vertreter der 17 belarussischen Universitäten. Am 23. Februar haben wir eine gemeinsame Dachorganisation gegründet. Wir haben uns oft verabredet, auch online, um gemeinsam Protestaktionen zu organisieren, die zeitgleich in allen 17 Unis – in Minsk, Witebsk, Grodno, Homel – stattfinden sollten. Nach den Aktionen haben wir Videos, Fotos, Beschreibungen der Ereignisse zusammengetragen, wir haben auch eine Liste der inhaftierten Studierenden aufgestellt und das alles auf Instagram und Telegram gepostet, sodass Studierende, die persönlich bei den Aktionen nicht anwesend waren, sich ebenfalls informieren konnten.

Wir haben auch mit dem Büro von Swetlana Tichanowskaja zusammengearbeitet. Wir haben Verantwortlichkeiten geschaffen und die Aufgaben verteilt – es gab welche, die für die Kommunikation über Social Media zuständig waren, andere waren für die Kommunikation mit dem Büro von Tichanowskaja zuständig oder für die Kommunikation mit den Studierenden. Wir waren in Kontakt mit der Initiative »Ehrliche Menschen«, die entstanden ist, um die Wahl zu überprüfen. Alle Funktionen wurden demokratisch besetzt, wenn Kandidaten die gleiche Stimmenzahl erhalten haben, wurde die Wahl für ungültig erklärt, und es wurde neu abgestimmt. Wir haben manchmal auch heftig miteinander gestritten, und bis heute komme ich aus dem Staunen nicht heraus, dass wir es hinbekommen haben, einen demokratischen Wahlprozess zu gestalten, während das im ganzen Land, unter den älteren Erwachsenen, nicht möglich war. Wir haben auch Regeln für die Kommunikation festgesetzt und Personen bestimmt, die eine gewisse Kontrolle über die subversiven Abläufe haben sollten.«

Ich mache in dem kleinen Hotelzimmer, in dem wir uns unterhalten, Tee, und wir probieren dazu litauische Kekse. Draußen ist es inzwischen dunkel geworden. Ich frage Marharyta nach der Geschichte des Studentenbundes.

»Der belarussische Studentenbund wurde 1988 gegründet und bestand die ganze Zeit unverändert, bis wir beschlossen, ihm eine neue Satzung zu geben. Zwei Monate haben wir für die Vorbereitungen gebraucht, jeden einzelnen Punkt haben wir durch Abstimmung bestätigt. Wir haben wenig geschlafen in der Zeit, es war eine Menge Arbeit.

Am 26. Oktober 2020 haben wir einen Streik durchgeführt, ich hielt eine weiß-rot-weiße Flagge hoch. Von Lukaschenko kam die Anordnung, die Jungs, die daran teilgenommen hatten, sollten in die Armee, die Mädchen hingegen vom Studium ausgeschlossen werden. Die verantwortlichen Dekane haben sofort damit begonnen, Lukaschenkos Anweisung in die Praxis umzusetzen. Am 27. Oktober 2020 bin ich von der Universität verwiesen worden. Sicher war die Flagge der Grund für den Rauswurf. Am Abend habe ich auf die Webseite der Uni geschaut und nach meinem Foto gesucht – es war nicht mehr da. Ich war nicht mehr im Studentenregister.

Meine Familie hat nicht verstanden, was los war. Ich habe die halbe Nacht nicht schlafen können, weil ich eine böse Vorahnung hatte. Am 28. Oktober 2020 bin ich morgens in die Uni gefahren, und dort wurde mir die Nachricht mit der Relegation ausgehändigt. Ich war im Unterricht, als ich es erfahren habe. Die Sekretärin der Dekanin meinte, dass ich sofort meine Sachen packen und das Gelände der Universität verlassen sollte. – Bei uns gibt es ein Gesetz, danach ist es hochschulfremden Personen untersagt, sich auf dem Campus aufzuhalten. Ich packte also meine Sachen, als der Professor plötzlich meinte, dass ich bleiben sollte, er hätte mich nicht vom Unterricht befreit. Ich stand da, hielt meinen Mantel in den Händen und wusste nicht, was ich tun sollte. Das war mein letzter Moment an der Uni.

In dieser Nacht konnte ich wieder nicht schlafen. Ich machte mir viele Gedanken, weinte in das Kissen, meine Hände zitterten, und ich war richtig fertig. Aber als ich dann am Tag darauf tatsächlich den Entlassungsbrief vorgezeigt bekommen habe, war mir alles egal. Allerdings musste ich mir eine Kopie des Entlassungsschreibens erkämpfen, man wollte mir keine geben. Sie war für mich sehr wichtig, weil bei mir alle Noten gut gewesen sind, ich hatte mir nichts zuschulden kommen lassen. Mit diesem Entlassungsbrief wollte ich eines Tages imstande sein, zu beweisen, dass ich unrechtmäßig von der Uni verwiesen wurde.

Dass das Dokument an die Studierende oft nicht ausgehändigt wird, ist eine Schikane. Eine Bekannte von mir, auch eine Studentin, hat die Entlassungsbescheinigung selbst nach wochenlangem Ringen nicht bekommen. Ohne Bescheinigung hängt jeder relegierte Studierende in der Luft, er muss sie kriegen, vor allem in Zeiten wie diesen. Die Tatsache, dass die Relegation politisch motiviert ist, versucht man zu vertuschen, die Dekane wollen keine Spuren hinterlassen. Als ich endlich die Kopie des Entlassungsdokuments erhalten habe, konnte ich sehen, dass dort nichts Besonderes eingetragen wurde. Bei mir waren keine Angaben über die Gründe der Relegation in dem Entlassungsschreiben, keine Bemerkung, dass ich an Aktionen teilgenommen habe, oder Zitate aus Gesprächen, nichts Belastendes. Ich bin sozusagen total sauber, hatte gute Noten und war immer anwesend. Womit habe ich mich also schuldig gemacht, um vom Unterricht ausgeschlossen zu werden? Es liegt auf der Hand, dass es eine politisch motivierte Entscheidung war und es nicht meine Leistungen betraf.«

Womit hat sie sich schuldig gemacht? In einem autoritären Staat ist selbstständiges Denken und Handeln nicht erwünscht. Die Selbstorganisation der Studentenvertretung, die demokratischen Strukturen, die Selbstbestimmung des Streikkomitees waren den Dekanen ein Dorn im Auge. Die Machtvertikale von Lukaschenko lässt demokratische Prozesse nicht zu. Alle Bereiche des Staates, die Krankenhäuser, die Armee, die Universitäten, sind zentralistisch den gesetzgebenden Körperschaften und den Instanzen der Justiz unterstellt. Jegliche Versuche, oppositionelle Strukturen zu schaffen, werden unterdrückt. Mit der neuen Verfassung, die den Präsidenten über die staatlichen Organe stellt, wurden 1996 die ersten Schritte zur Errichtung eines autoritären Systems unternommen. Diese Änderung der Verfassung fand per Referendum gegen den Widerstand des damals noch unabhängigen belarussischen Parlaments statt. Seitdem ernennt Lukaschenko fast alle höheren Richter und regiert das Land per Dekret.

Für die Studentenorganisation spielte es keine Rolle, dass ich von der Uni relegiert worden war – es war klar, dass das unrechtmäßig war, also war ich immer noch Mitglied des Streikkomitees wie alle anderen relegierten Studentinnen und Studenten auch.

Am 11. November 2020 wurden zwölf Studierende und Lehrer verhaftet, ihnen wurden Strafverfahren angehängt. Es wurde sehr gefährlich für uns.

Die Wohnung einer Freundin wurde konspirativ genutzt. Ich bin dahingezogen, damit mich die Polizei nicht findet. Niemand durfte wissen, wo ich mich aufhielt. Meinen Eltern sagte ich, dass ich lieber bei einer Freundin wohne, weil es sicherer sei. Es war klar, dass ich von der Polizei gesucht wurde und sie mich bei meinen Eltern vermuteten.

Meine Mutter wollte es nicht glauben, sie hat es nicht wahrhaben wollen, dass die Polizei mich sucht. Ich wusste jedoch von meinen Freunden, die verhaftet worden waren, dass ich ebenfalls in Gefahr war. Ich bin dann sehr ängstlich geworden, hatte Angst vor jedem Klopfen an der Tür, vor Geräuschen in der Nachbarswohnung. Es reichte, dass etwas auf den Boden fiel, und ich schreckte hoch.

Emotional war ich damals richtig fertig und natürlich wusste ich, dass meine Kommilitonen und Kommilitoninnen nur deshalb verhaftet worden waren, weil sie das Gleiche getan hatten wie ich. Die Gefahr war real. Also lebte ich vier Wochen in dieser geheimen Wohnung.

Ein Kommilitone wurde für 24 Stunden verhaftet. Als er entlassen wurde, hat er sich sofort erkundigt, ob ich noch in Belarus sei. Als er erfuhr, dass ich noch nicht weggegangen war, hat er mir ausrichten lassen, dass ich mich beeilen und so schnell wie möglich ausreisen sollte. Ich wartete da bereits auf ein Visum für Litauen. Eine Woche vor meiner Flucht bin ich dann zurück nach Hause gezogen, um Koffer zu packen und um belastendes Material aus meinem Zimmer verschwinden zu lassen. Sämtliche Aufkleber, Flugblätter, Plakate, Flaggen mussten weg.

Ich habe eine Einladung zum Studium an der Europäischen Humanistischen Universität in Vilnius erhalten, und die wollte ich nutzen. Am 21. Dezember 2020 habe ich Belarus mit dem Flugzeug verlassen.«

Die private Europäische Humanistische Universität (EHU) wurde 1992 in Minsk gegründet als ideologiefreier Ort der unabhängigen Wissenschaft. 2005 musste die EHU Belarus verlassen und wurde nach Vilnius verlegt, wo sie seitdem als die größte belarussische Universität im Exil weiter funktioniert. An der EHU studieren heute 1700 Studenten. Sowohl das Goethe-Institut als auch der Deutsche Akademische Austauschdienst (DAAD) engagieren sich für die EHU. Viele Studenten studieren im Fernstudium von Belarus aus, 700 wohnen in Vilnius und nehmen am stationären Unterricht teil, so auch Marharyta. Die Uni befindet sich in einem ehemaligen Kloster am Rand der Altstadt. Die Gründungsväter der EHU, Direktor Anatoli Mikhailov und Vizedirektor Vladimir Dounaev sind in Belarus Persona non grata. Die Studierenden der EHU werden in Belarussisch unterrichtet, die meisten haben eine oppositionelle Haltung zu Lukaschenkos Staatsapparat. Dounaev führt aus: »Lukaschenko führt Krieg gegen die Intelligenz im eigenen Land. Unser Ziel ist hier oder anderswo, den kritischen Geist, das intellektuelle Potenzial unserer Heimat zu sammeln. Eines Tages werden wir die EHU wieder in Minsk eröffnen, früher oder später. Alle Diktaturen fallen.« (*Eurasisches Magazin*, Ramon Schack, Ausgabe 11.05)

Ich frage Marharyta, wie sie zu dem Studienplatz an der EHU gekommen ist.

»Direkt nach der Entlassung von der Uni habe ich einen Freund, der als Journalist arbeitet, angerufen und gesagt, dass ich Trost brauche, mich unbedingt bei ihm ausweinen muss und auf ein Bier eingeladen werden möchte. Er hat mich sofort zu sich eingeladen, aber statt Bier gab es Kakao und Kekse. Ich gab ihm ein Interview, das auf dem Portal Grodno Life erschien und in den Belsat News zu sehen war, außerdem in Tut.by, Radio Freies Europa, damals in Belarus noch existente freie Medien. Dort wurde die Geschichte meiner Relegation von der Uni gebracht, samt Fotos von mir. Daraufhin hat sich ein Vertreter der EHU gemeldet und gefragt, ob ich in Vilnius studieren möchte. Natürlich habe ich mich über dieses Angebot gefreut und zugesagt. Bis Ende August 2021 habe ich in Vilnius beim Aufbau der neuen Studentendachorganisation mitgemacht, ich war sogar noch aktiver als in Belarus.«

Marharyta lächelt, während sie mir ihre Geschichte erzählt. Ich habe das Gefühl, dass sie immer noch nicht richtig verstanden hat, was ihr widerfahren ist. Ihr Lachen scheint das Geschehene in eine Bagatelle verwandeln zu wollen, es soll den Erlebnissen den Schrecken nehmen. Ich vermute, dass diese junge Frau trotz ihrer Tapferkeit und Entschlossenheit eine große Sehnsucht nach ihrem Zuhause hat, nach ihren Freunden und ihrem alten Leben in Grodno. Ich bin mir nicht sicher, ob ihre Seele wirklich in Vilnius angekommen ist. Als wir uns im Oktober 2021 treffen, ist sie seit elf Monaten in der Hauptstadt von Litauen.

»Als ich auf dem Flughafen von Minsk war, hatte ich große Angst, dass dort doch noch irgendetwas passieren könnte. Mir war zwar bewusst, dass ich noch keine Akte hatte, nicht in Haft gewesen war – im Gegensatz zu Studierenden, die vor der Ausreise rechtliche Probleme gehabt hatten, sie wurden bei der Passkontrolle meist angehalten. Gott sei Dank konnte ich unbehelligt ins Flugzeug steigen und das Land verlassen.

Trotz allem wundere ich mich bis heute, was für ein Glück ich hatte: Ich war auf Social Media zu sehen, war auf vielen Protestaktionen dabei gewesen, ich habe das Interview gegeben, mein Name war nicht unbekannt – und ich durfte einfach ausreisen, noch nicht mal mein Gepäck wurde durchsucht. Vielleicht haben sie keinen Grund gefunden – oder erfinden können –, um mich zu verhaften? Andere hingegen erzählten, dass sie an der Grenze lange durchsucht wurden.

In Vilnius habe ich mich mit Andrej getroffen, einem früheren Studenten der Uni Minsk. Wir kamen über das Internet in Kontakt, man kümmert sich um die Neuankömmlinge aus Belarus. Ich sollte ein Zimmer in einem Studentenwohnheim bekommen, die erste Nacht verbrachte ich jedoch in seiner Wohnung, die er sich mit einem Freund teilte, ebenfalls einem Studenten aus Minsk. Man hat mich nicht alleine sein lassen, es war auch besser so. Wir haben zusammen einen Film geschaut, eine Komödie, damit es uns etwas leichter ums Herz würde. Ich konnte dann nicht schlafen, ich war zu aufgeregt. Also begann ich leise durch die Wohnung zu streifen. Es stellte sich heraus, dass Andrej auch nicht schlafen konnte. Er hat mich gefragt, ob ich einen Tee will. Wir haben lange, bis tief in die Nacht, miteinander geredet. Wir haben über unsere Ängste und Erwartungen an die Zukunft gesprochen, auch über gemeinsame Bekannte. Es war so wichtig, in diesem Moment nicht allein zu sein. Ich habe mich so gut aufgehoben gefühlt in dieser Wohnung, mit Andrej, den ich zuvor nicht gekannt hatte und der mir so viel Sicherheit und Zuversicht gegeben hat in diesen ersten Stunden in der Fremde.

Sein Mitbewohner hat uns ermahnt, leiser zu sein, obwohl wir doch schon flüsterten. Wir sind in Andrejs Zimmer gegangen und friedlich nebeneinander eingeschlafen, in seinem Bett. Das war so ungewohnt – zwei Menschen, die sich das erste Mal begegnet sind, sprechen stundenlang miteinander und dann schlafen sie ganz vertraut nebeneinander ein.

Andrej wusste, wie ich mich gefühlt habe, wie sich jeder fühlt, der unfreiwillig sein Zuhause verlassen muss. Seine Nähe hat mich getröstet, wir konnten uns gut austauschen, ich war emotional so ausgelaugt. Wenn man nicht ausreisen will, es aber aus politischen Gründen muss und alles, alles verlassen muss – die Eltern, die Freunde, den Papagei, den Hund … Dann ist das einfach nur furchtbar.«

Ich erzähle Marharyta von meiner Ausreise nach Westberlin. Meine Mutter hatte beschlossen, ohne mir zu sagen, dass es für immer sein würde, nach Deutschland zu emigrieren. Das war im Sommer 1981, ich war 17 Jahre alt. Die gleiche Geschichte – bei mir blieb alles in Posen, Freunde, die erste Liebe, Bücher … Deshalb weiß auch ich sehr wohl, wie sich eine junge Frau fühlt, die ihr ganzes Leben hinter sich lassen muss. Der Verlust ist enorm, die Trauer grenzenlos. In Berlin habe ich unsere Katze vermisst. Marharyta vermisst in Vilnius ihren Papagei und ihre Hündin. Sie war neu in der Familie. Ihr Vater hatte die Ausgesetzte eingesammelt, und die Familie hat sie aufgenommen. Ich frage Marharyta nach dem Papagei.

»Mein Papagei heißt Karwuscha. Er ist weiß und kann meinen Namen sagen! Wir haben ihn seit 13 Jahren. Er ist schon alt. Manchmal ist er gemein, er zieht an meinen Haaren und den Ohrringen, das kleine Monster! Er liebt anscheinend Silber und versucht meine Ohrringe mit seinem Schnabel an sich zu reißen. Als ich noch lange Haare hatte, saß er immer auf meiner Schulter und versuchte sie anzuknabbern. Bei meinem Vater sitzt er gern auf dem Rücken und versucht, an seine Ohren zu kommen.«

Marharyta lacht fröhlich, wenn sie von Karwuscha erzählt. Traurig wird sie, wenn sie sich an ihren Ex-Freund erinnert.

»Mein Freund hat mich an meinem Geburtstag im September 2020 verlassen. Er hat mich und meine Familie besucht, wir haben zusammen gefeiert, und am nächsten Tag hat er mir eine Nachricht geschickt, dass wir angeblich nicht zusammenpassen würden. Er hat per SMS mit mir Schluss gemacht und mich dann blockiert, sodass ich nicht mal antworten konnte. Er hat an einer Offiziersfakultät studiert, an meiner Universität. Nie hat er sich für oder gegen Lukaschenko ausgesprochen. Das Einzige, worüber er sich Sorgen gemacht hat, war, dass ich ins Gefängnis kommen könnte. Er hat auch nicht mit mir über die Wahl 2020 gesprochen, dieses Thema hat er vermieden.

Ich weiß nicht, ob es die Politik war, weshalb er sich plötzlich von mir distanzierte. Möglich ist es. In dieser Zeit habe ich einige Freunde verloren, dafür andere gewonnen. In Vilnius war Andrej der Erste, der mir die Hand gereicht hat. Wir haben uns oft getroffen, bis er zum Studium nach Polen gegangen ist.«

Auf den Fotos aus Belarus hat Marharyta noch langes Haar. Vor ihrem heutigen Kurzhaarschnitt hatte sie eine Glatze, sagt sie und zeigt mir ein Video, auf dem sie sich den Kopf rasiert. Erstaunt schaue ich zu, wie ihr langes blondes Haar zu Boden fällt.

»Im Januar 2021 haben wir im belarussischen Studentenbund überlegt, wie wir auf die Situation der unrechtmäßig verhafteten Studierenden aufmerksam machen können. Kurz vor Jahreswechsel hat der Solist der Band NAVIBAND sich den Kopf kahl geschoren. Die Idee hat uns gefallen – wir haben beschlossen, uns auch die Köpfe zu rasieren und dies aufzunehmen, um es ins Internet zu stellen.

Den Anfang machten belarussische Studierende in Kiew, es folgten andere, zusammen waren es 13 Studierende. Auch ich beschloss, an der Aktion teilzunehmen. Mit ernstem Gesicht haben wir in die Kamera geschaut, uns dann die Köpfe rasiert und anschließend, kahlköpfig, wieder in die Kamera geschaut. Den Rasierer hatte ich mir geliehen, die Kamera haben wir auf den Tisch gestellt, und dann ging es los. Ein Freund half mir dabei, mir den Hinterkopf zu rasieren.

Das Video ging nach Belarus. Der Journalist Ruslan Kulewitsch zeigte es auf *Grodno Live* und machte mit mir ein Interview, in dem ich die Aktion erklärte. Auf die Webseite von Grodno Life stellte er auch drei Fotos von mir: eins mit langen Haaren, eins von der Rasieraktion und das letzte mit Glatze. Auf einem der Bilder sieht man, wenn man es vergrößert, die weiß-rot-weiße Flagge an der Wand meines Studentenzimmers.

Zwei Stunden später tauchten bei meinen Eltern in Grodno Polizisten auf und fragten nach mir. Plötzlich wurde ich doch gesucht. Immer wieder kamen Polizisten zu uns nach Hause. Drei Wochen lang befragten sie meine Eltern, wo ich stecken würde. Meine Mutter ließ sich nicht verunsichern und antwortete, dass wir uns zerstritten hätten und ich abgehauen wäre, sie wüsste nicht, wohin.

Anfangs war es ziemlich kalt auf dem Kopf ohne Haare, das gebe ich zu, aber die Aktion hat sich gelohnt und viel öffentliche Aufmerksamkeit erregt.«

Ich frage, wie Marharyta sich inzwischen in Litauen fühlt und welche Erfahrungen sie gemacht hat. Sie antwortet mir mit einer Geschichte, die sie in einem Lebensmittelgeschäft erlebt hat.

»Ich war gerade einkaufen, als ich von einem Freund in Belarus über Telegram die Nachricht erhielt, dass seine Wohnung durchsucht würde. Ich versuchte ihn zu kontaktieren, aber er hat nicht mehr geantwortet, was nichts Gutes verhieß. Meine Beine wurden weich, ich fürchtete, dass er möglicherweise verhaftet worden war. Ich stand in diesem Geschäft mit einer Packung Milch in der Hand, während mir die Tränen kamen. Ein älterer Herr beobachtete mich, er sprach mich auf Litauisch an. Ich antwortete auf Englisch, dass ich ihn nicht verstünde und aus Belarus sei. Ist alles okay, fragte er, und ich sagte, ja, alles gut. Ich beruhigte mich etwas und kaufte weiter ein. Er verfolgte mich auf Schritt und Tritt, bis zur Kasse. Überraschenderweise sagte er dann zu der Kassiererin, dass er auch meinen Einkauf übernehmen würde. Es war nicht viel, vielleicht zehn Euro, aber es war eine sehr herzliche Geste.

Ich nahm sein Geschenk an. Es berührt mich bis heute, dass er, ohne mich zu kennen, so gut zu mir war. Schließlich wusste er nichts über mich, er hat nur meine Tränen gesehen.

Inzwischen habe ich hier in Vilnius auch neue Freunde gefunden. Vor Kurzem hat sich herausgestellt, dass in dem Studentenwohnheim zwei Zimmer weiter ein Bekannter aus Grodno wohnt. Er ist Puppenspieler am Grodno Theater und studiert hier Schauspiel. Wir haben uns zufällig auf der Straße getroffen und festgestellt, dass wir auf der gleichen Etage wohnen. Also langsam fange ich an, auch hier normal zu leben. In den ersten Wochen war es schon sehr schwer. Nicht mal der Tee hat mir geschmeckt, das Brot und die Pelmeni waren merkwürdig, ich wollte und konnte nichts essen. Es hat Monate gebraucht, bis ich mich an das Essen gewöhnt hatte. Es schmeckt einfach alles anders. Es gibt andere Produkte, es wird anders gekocht, ich werde es schon überleben. Man braucht Zeit in der Fremde, um sich an das Neue zu gewöhnen, sogar an den Geschmack der Kartoffeln.«

Ich erzähle Marharyta von Joanna und Nadieja, die zu Fuß über die Grenze nach Litauen geflohen sind und jetzt in Polen leben. Obwohl sie zu drei Jahren Straflager verurteilt wurden, sind sie voller Zuversicht und glauben an den Sieg der Revolution.

»Solange es Menschen gibt, die illegal über zwei Grenzen gehen, wie Andrej und die beiden Schwestern, solange Swetlana Tichanowskaja in Vilnius für ein freies Belarus kämpft, gibt es eindeutig Hoffnung, wir brauchen einfach noch Zeit. Den Menschen in Belarus müssen wir klarmachen, dass wir um die Gefahr wissen, in der sie leben. Sie werden so lange in der Gefahr schweben, solange sie einem Wahnsinnigen vertrauen und ihm die Verantwortung für sich überlassen. Es werden nicht alle flüchten können, und man kann auch nicht alle ins Gefängnis sperren. Klar, jene, die die Waffen haben, besitzen mehr Macht als die anderen.

Ich habe einen Traum, ich stelle mir vor, dass man zu allen, die eine Uniform tragen, sagt: Wenn ihr auf unsere Seite wechselt, bleibt ihr in Sicherheit, und außerdem werdet ihr noch die Helden des neuen Belarus sein.

Es gibt Hoffnung, aber alles hängt von den Menschen ab, die in Belarus geblieben sind, und nicht von jenen, die im Exil interviewt werden.«

Im Internet sind viele Fotos von ehemaligen Polizeibeamten, die ihre Stelle gekündigt haben. Dieser Schritt ist nicht einfach, denn oft ist die Wohnung der Familie an den Arbeitsplatz gekoppelt. OMON-Beamte und Polizisten erhalten regelmäßig hohe Prämien, die bei einer Kündigung an den Staat zurückgezahlt werden müssen.

Um sie bei ihrem Ausstieg zu unterstützen, wurde die Organisation »Protect Belarus« ins Leben gerufen. Bereits im ersten Monat nach der Gründung haben sich fast tausend Personen bei »Protect Belarus« gemeldet und um Hilfe gebeten: Soldaten, Staatsanwälte, Feuerwehrmänner.

Ehemalige Polizisten suchen Hilfe bei der Organisation »Ehrliche Menschen«, die seit den gefälschten Wahlen Unterstützung für frühere Staatsbedienstete anbietet. Polizisten haben es besonders schwer, weil ihre Kündigung von den Vorgesetzten oft nicht angenommen wird. Obwohl sie gegen den Rechtsbruch sind, bleiben sie Sklaven des Systems, ihnen sind die Hände gebunden.

Den Winter lang malt Marharyta Postkarten für politische Gefangene. Sie sitzt in ihrem kleinen Zimmer im Studentenwohnheim und verschickt von Vilnius aus Worte der Aufmunterung an Menschen, die seit Monaten unschuldig in Lukaschenkos Gefängnissen sitzen. Marharyta zeichnet Karten mit kleinen süßen Katzen, Vögeln, Hamstern und Füchsen, Mandalas und Blumen. Diese Karten von fast kindlicher Anmut sind für die Inhaftierten im berüchtigten Minsker Akrestina-Gefängnis oder für jene, die in Schodino sitzen, um ihre Stimmung aufzuhellen. Ob sie jedoch ihr Ziel erreichen, ist keinesfalls sicher. Marharyta hat bislang über einhundert Karten verschickt, aber nur zwei Antworten bekommen. Sie malt dennoch weiter.

© Dorota Danielewicz

Volha Vialichka (geb. 1983)

WENN ICH AUFWACHE, WEISS ICH OFT NICHT, WO ICH BIN

Volha ist erschöpft. Am Tag unserer Verabredung in Vilnius ist sie gerade aus Schweden zurückgekehrt. Die letzte Nacht war kurz, Volha ist übermüdet. Man sieht ihr das nicht an. Ich betrachte sie und staune über ihr Gesicht. Sie könnte Model sein für eine Ikone.

Wir treffen uns am Adam-Mickiewicz-Denkmal. Der polnische Dichter studierte in Vilnius und verfasste dort 1820 die berühmte »Ode an die Jugend«, die als das Manifest jener studentischen Geheimbünde galt, welche sich gegen die Zarenherrschaft auflehnten. In der Ode heißt es:

> *»Lasst Arm in Arm uns mit fester Kette*
> *Das Erdenrund umfangen halten*
> *Und glutentfachend unser Denken*
> *Auf einen Herd des Geistes lenken,*
> *Damit durch uns der Klumpen Erde*
> *In neue Bahn geleitet werde,*
> *Dass sie Verderbtes von sich streife*
> *Und grünend neue Früchte reife!«*

Volha stammt aus Grodno, sie ist 38 Jahre alt, Betriebswirtin und seit einem Jahr in Vilnius. 2008 hat sie ein Hospiz gegründet, in dem rund 80 Familien mit ihren Kindern betreut werden. Sie musste Belarus verlassen, weil ihr Repressionen seitens des Staatsapparats drohten. Wir gehen zusammen in das Restaurant »Gabi« und ziehen uns in einen leeren Raum zurück, um in Ruhe sprechen zu können. Wir trinken Tee, bestellen auch etwas zu essen. Volha ist die belarussische Form von Olga. Sie besteht auf dem belarussischen Namen. Volha stammt aus einer katholischen Familie, in der immer schon belarussisch gesprochen wurde. Mutter und Vater haben studiert, sind humanistisch und technisch gut ausgebildet. Aus der Ferne, über das Internet, leitet Volha das Hospiz weiter. Auch so kann Organisatorisches erledigt werden. Ihr Mann ist ihr in die Emigration nach Litauen gefolgt. Für ihn bedeutete die Flucht die Aufgabe einer gut bezahlten Arbeit. In Grodno hat die Familie Vialichki auch ein Haus zurückgelassen. Das Paar hat zwei Kinder, 10 und 15 Jahre alt. In Litauen hat Volha das Gefühl, auf einer Dienstreise zu sein: Morgen wird sie nach Hause zurückkehren. In ihren Träumen erscheinen immer wieder das Haus und die Heimkehr der Familie. Wenn Volha morgens in der kleinen Wohnung in Vilnius aufwacht, weiß sie oft nicht, wo sie ist.

»Ich bin in einer belarussischsprachigen Familie aufgewachsen. Das war für mich eine Art Wegweiser – die Sprache, die Kultur. Das Russische wurde bei uns abgelehnt. Mein Elternhaus war sehr politisch. Wir haben zu Hause immer Radio ›Freies Europa‹ gehört«, sagt sie gleich zu Anfang des Gesprächs.

Ich erinnere mich an die Zeit dieses Senders in meinem Zuhause, in Posen. Die Funkzentrale in München sendete auf Polnisch und versorgte uns mit den wichtigsten Neuigkeiten. Aus dem Westen, aber vor allem mit unzensierten Nachrichten aus Polen. Über das Rauschen der Störsender, die in der Belarussischen Republik der UdSSR stationiert waren, kamen die bekannten Stimmen der Sprecher, und wir wussten Bescheid: über die Katastrophen in den Bergwerken, Streiks, Verfolgungen von Oppositionellen und Ereignissen der europäischen Geschichte, die in den Schulbüchern nicht thematisiert wurden.

Volhas Eltern und Großeltern taten das Gleiche, und am Tisch wurde heftig über das Gehörte diskutiert.

»Immer wurden die Nachrichten zusammen mit den Kindern gehört. Als ich zu den Großeltern aufs Dorf fuhr, schlief ich bei Radio Freies Europa ein und wachte damit wieder auf. Wir wollten immer die Wahrheit erfahren. Alles war Politik. Ich hatte Glück, in der Intelligenzia aufzuwachsen.

Bis vor einem Jahr sagte ich gerne mal, dass ich schon 300 Jahre gelebt habe: Ich habe gesehen, wie Kinder sterben, ich habe verstanden, warum das alles passiert, ich habe angefangen, mich zu langweilen, es wurde mir so furchtbar langweilig … Aber ich war tatsächlich überzeugt, dass ich alles schon weiß, dass ich weiß, was ich von Menschen erwarten kann, von der Regierung, alles war so klar und vertraut. Ich bin morgens aufgestanden und dachte, was soll denn Neues passieren, ich weiß doch schon alles. Ja, gut, nur meine Enkel habe ich noch nicht gesehen. Und dann kam das Jahr 2020, und alles wurde anders.

Nach den gefälschten Wahlen im August 2020 gingen die Massen auf die Straße. Und in diesen Tagen hatte ich eine Erkenntnis: Vor 30 Jahren zerfiel die UdSSR. Aber das war nur ein physischer Vorgang. Das mentale Ende der Sowjet-Ära hat erst im Jahr 2020 stattgefunden, als die Bevölkerung es richtig gesehen und auch verstanden hat, dass der Mensch, der sich Präsident nennt, diese Funktion nicht ausüben sollte. Die meisten Demonstrantinnen und Demonstranten waren zwischen 25 bis 40 Jahre alt. Wir erleben eine Revolution, verbunden mit unglaublichen Repressionen gegenüber den Protestierenden.

Von Vilnius aus sind wir mit den Kindern nach Polen in das ehemalige Konzentrationslager Auschwitz gefahren, das war im August 2021. Eine Sache ist mir dort bewusst geworden: Auschwitz ist nicht einfach so geschehen, von einem Tag auf den anderen. Nach dem Besuch der Gedenkstätte hat mich eine einfache Tatsache umgehauen: Während der Naziherrschaft, in den Dreißigerjahren haben die meisten Deutschen zugelassen, dass man die Rechte einer Minderheit missachtet. Die Menschen haben weggeschaut, als es immer mehr Restriktionen gegenüber der jüdischen Bevölkerung gab. Keiner hat sich darüber aufgeregt, dass Juden bestimmte Berufe nicht mehr ausüben oder zu bestimmten Zeiten nicht mehr einkaufen durften. Alle meinten, das ist nicht schön, aber okay. Alle schwiegen.«

Hannah Arendt schreibt: »Der Vernichtung der Juden ging eine schrittweise Folge antijüdischer Maßnahmen voraus, welche jeweils gebilligt wurde mit dem Argument, dass die Weigerung, daran mitzuwirken, nur alles verschlimmert hätte – bis eine Stufe erreicht war, dass Schlimmeres überhaupt nicht mehr passieren konnte.« (S. 38, *Was heißt persönliche Verantwortung in einer Diktatur,* Piper Verlag, 2020)

»Auch Lukaschenko kam vor 26 Jahren nicht urplötzlich aus dem Nichts. Dieser Mensch stellt sich über Gott. Mit einer unglaublichen Arroganz macht er, was er will«, sagt Volha mit fester Stimme. Sie fährt fort:

»Die Reise nach Auschwitz hat mich grundlegend verändert, sie war sehr wichtig, für die ganze Familie. Die Baracken haben mich emotional mehr erschüttert als das Hauptlager. Der Zwang, auf dem Boden zu schlafen, jahrelang auf dem kalten Boden … Ich musste es nur einmal, für eine Nacht, im Arrest.

Zurück zum Sommer 2020. Damals sagte ich mir, ich werde jetzt an nichts mehr teilnehmen. Die Hospizarbeit ist wichtiger, und auch mein Mann bat mich, mich ruhig zu verhalten. Aber dann habe ich von der Kandidatur von Viktor Barbariko erfahren, und weil ich ihn sehr schätze, wollte ich helfen, Unterschriften für ihn zu sammeln. Er wollte gegen Lukaschenko antreten. Für mich ist er jemand, der sehr gut mit anderen Menschen umgehen kann, ein guter Manager. Er kann gegensätzliche Positionen harmonisieren und Leute dazu ermutigen, nach neuen, kreativen Lösungen für Probleme zu suchen. Das alles war für mich wichtig und schaffte auch deshalb Vertrauen, weil ich auf ähnliche Weise arbeite. Deshalb habe ich Unterschriften für ihn gesammelt. Danach wollte ich mich wieder ausschließlich um das Hospiz kümmern. Aber dann wurden unabhängige Wahlbeobachter gesucht, und ich habe mich entschlossen mitzumachen.

Was ich später, am 9. August 2020, im Wahllokal gesehen habe, hat mich schockiert: Offene Fälschung der Wahlen, die Wahlgesetze wurden missachtet, das konnte man mit bloßen Augen sehen. Direkt nach der Wahl wurde das Internet abgeschaltet, damit keine Versammlungen organisiert werden konnten. Die Menschen kamen dennoch im Zentrum der Stadt zusammen, und es gab sehr viele brutale Übergriffe der Polizei und der OMON-Einheiten, das Zentrum wurde abgeriegelt.

In der Nacht nach der Wahl haben wir Bekannte, die sich für Menschenrechte engagierten, angerufen, um zusammenzukommen und um in der Stadt gemeinsam etwas zu unternehmen. Wir konnten diese Wahlfälschung nicht akzeptieren. Wir haben einen Tag drauf einen Rat des Nationalen Vertrauens ins Leben gerufen – 15 Personen waren wir. Wir haben Postulate formuliert und sie an die Stadtverwaltung geschickt. In diesen Stunden haben wir das Gefühl der Freiheit kennengelernt. Die Tür des Käfigs stand auf. In den folgenden Tagen dachte ich, nie wieder werde ich in diesen Käfig zurückgehen. Nie wieder. Wir werden nie wieder leben wie früher. Jetzt denke ich oft, es wäre besser gewesen, dieses Gefühl nicht kennengelernt zu haben …

An den Tagen nach der Wahl haben wir uns auf dem zentralen Platz in Grodno versammelt. Wir hatten Mikrofone dabei für Menschen, die sprechen wollten. Aber es hat nicht funktioniert, es waren zu viele. Dann haben wir die »Glasnost-Ecken« eingerichtet. Das heißt, an verschiedenen Orten auf dem Platz warteten Leute mit Kameras und befragten andere – es ging um das Geschehen in der Nacht nach der Wahl, um körperliche Gewalt seitens der Polizei. Wir wollten die Vorkommnisse dokumentieren, die Menschen erzählen lassen und sie dadurch entlasten. Der Ansturm war so groß, dass wir psychologische Beratungsstellen eingerichtet haben, auch auf der Straße, im Zentrum der Stadt, für alle zugänglich.

Samstag, Sonntag, Montag, Dienstag. Vier Tage lang. Das Stadtzentrum war voll, so viele Menschen auf einmal habe ich noch nie gesehen. Alle wollten ihre Geschichten erzählen.

Diese Erzählaktion ist uns so wunderbar gelungen, dass aus anderen Städten Telefonanfragen kamen, alle wollten es uns gleichmachen und erkundigten sich nach unserer Vorgehensweise. Aber diese Aktivität hatte noch eine andere Dimension: Wir haben verstanden, was es bedeutet, Belarussen zu sein. Ich kapierte, wie wir sind und was uns eint. Das hat mich und meine Mitstreiter sehr getröstet.

Vier Tage später kam ein wichtiger Vertreter des KGB nach Grodno, die rechte Hand von Lukaschenko. Der Bürgermeister von Grodno wurde abgesetzt, und die Repressionen begannen, Menschen wurden verhaftet. Bis dahin, also in den ersten Tagen nach der Wahl, war Grodno noch sehr liberal gewesen, die Stadtverwaltung gab sich gemäßigt. Dieser Zustand weckte das Misstrauen des Staatsapparats. Nun waren die Tage der Freiheit vorbei.

Tagsüber war ich im Hospiz und danach in der Stadt, aber es wurde immer schwieriger, Versammlungen abzuhalten. Dann sagte ich mir, wir müssen auch an das Hospiz denken, wir finanzieren uns privat, die Kinder brauchen Hilfe und Geld. In dieser Zeit betreuten wir 80 Familien. Am 14. Oktober 2020 haben wir in der Stadt eine Benefizveranstaltung für das Hospiz organisiert, erzählten von unserer Arbeit und sammelten Spenden. Wir haben auch Handarbeiten verkauft, die von den Eltern hergestellt wurden, Socken, Strickmützen und solche Sachen. Plötzlich tauchte ein Bus mit OMON-Polizisten auf, alle ganz in Schwarz. Sie haben mich direkt auf der Straße festgenommen und abgeführt, ohne Haftbefehl. Die Zelle war voll, ich musste auf dem Boden liegen. Drei Frauen waren in der Zelle. Ich konnte nicht schlafen, denn ich war beunruhigt, und die Bedingungen waren alles andere als annehmbar. Stundenlang lag ich da, ohne ein Auge zuzudrücken. Aber mitten in der Nacht hörte ich, dass eine der Frauen schnarchte. Und mir wurde leichter bei dem Gedanken, dass auch unter solchen

Umständen Menschen schlafen und sogar friedlich schnarchen können. Erst dann konnte auch ich einschlafen.

Ich war 24 Stunden eingesperrt. Am 15. Oktober bekam ich eine Geldstrafe nach Paragraf 23.34, Teil 1 des belarussischen Verwaltungsgesetzbuchs, für meine Teilnahme an der Wohltätigkeitsveranstaltung, die eigentlich zu meinen Pflichten als Hospizleiterin gehört. Die Strafe war hoch, die Hälfte meines Monatsgehalts. Das war jedoch erst der Anfang der Schikanen.«

Volha stochert in ihren Kartoffelpuffern, wir machen eine Pause. Mir bleibt ohnehin gerade das Essen im Hals stecken, denn auch ich gehöre zu den Eltern, die auf die Hilfe eines Hospizes angewiesen sind. Ein Hospiz ist mehr als ein Ort der Sterbebegleitung. Deshalb organisiert Volhas Hospiz Therapien für Familien, psychologische Hilfe für Eltern behinderter Kinder, Betreuung der Kinder, damit die Eltern etwas Kraft schöpfen können in ihrem anstrengenden Alltag.

Erst im März 2020, kurz vor den Wahlen, war die Einrichtung einer Finanzprüfung unterzogen worden, es gab keine Beanstandungen. Amnesty International berichtet ein halbes Jahr später: »Seit dem 29. September dürfen die Mitarbeiterinnen und Mitarbeiter des Hospizes das Areal einer staatlich geführten Fabrik nicht mehr betreten. Dort hatte die Organisation Zimmer gemietet, um ein Freiwilligenzentrum einzurichten. Bis heute ist es der Belegschaft nicht gestattet, das Eigentum des Hospizes aus dem Fabrikareal, darunter wichtige medizinische Dokumente und Geräte, abzuholen. Am 22. Oktober informierte das staatlich geführte Kinderkrankenhaus Nr. 2 Volha Vialichka völlig überraschend, dass das Mietverhältnis für jene Zimmer, die das Hospiz nutzte, um die Kinder zu pflegen, gekündigt wurde. Am gleichen Tag erschienen Vertreterinnen und Vertreter der Finanzprüfungsabteilung des belarussischen Finanzministeriums und beschlagnahmten den Laptop sowie verschiedene Dokumente des Hospizes. Später wurde gegen Volha eine Untersuchung wegen vermeintlichen Betrugs eingeleitet, die noch anhängig ist.«

Ich darf gar nicht an die betroffenen Familien der schwerstkranken Kinder denken, sonst verliere ich den Faden. Ich möchte mehr über das Konzept des Hospizes wissen. Volha sieht sich als die Initiatorin, sie leistet die organisatorische Arbeit. Und, ähnlich wie Viktor Barbariko, hat sie das Talent, die richtigen Menschen für ihr Projekt zu finden.

»Das Hospiz arbeitet stationär und ambulant. Das heißt, die Kinder werden einerseits vor Ort betreut, andererseits besuchen Therapeutinnen und Therapeuten die Familien zu Hause. Ein Kinderhospiz, das palliative Hilfe leistet, sollte Familien auch in ihrem privaten Umfeld unterstützen können, das ist der Ansatz. Denn es ist so – egal, wie krank ein Kind ist, es entwickelt sich weiter, unabhängig von seinem Leiden. Zu Hause ist es oft schwerer, seine Entwicklung zu lenken. Wir haben überlegt, wie wir die Kinder außerhalb ihres Zuhauses betreuen können. Wir haben dafür sogar einen Snoezelen-Raum eingerichtet und einen sensorischen Raum, mit Treppen und diversen Klettermöglichkeiten.

Die Eltern bringen ihre Kinder in die Einrichtung. Während Spezialistinnen und Spezialisten mit den Kindern arbeiten, können sich die Eltern beim Tee austauschen. Wir laden auch Kosmetikerinnen und Friseurinnen ein, ermöglichen Schönheitspflege, organisieren Vorträge, es kommen Therapeutinnen und Therapeuten, wir basteln zusammen – alles Mögliche findet während der stationären Versorgung statt. Zeit, die auch die Eltern nutzen können, während wir mit ihren Kindern arbeiten. Oder die Eltern erledigen Angelegenheiten in der Stadt.

Diese Strategie geht auf. Die Kinder haben sich verändert, und die Eltern auch. Für die Eltern ist es unglaublich wichtig, rauszugehen und das Kind zu zeigen, so wie es ist. Wir haben auch Projekte mit Schülerinnen und Schülern und mit Studierenden gemacht. Sie kamen zu uns, um mit den Kindern zu spielen, haben zum Beispiel Wettrennen mit Rollstühlen ausgetragen.

Im Hospiz arbeiten besondere Menschen, die das Wesen jedes Kindes erkennen. Sie sind sehr empathisch, behandeln alle mit Respekt. Ich liebe sie. Bei uns gibt es keine Hierarchie. Alle bekommen die gleichen Informationen, es wird nichts zurückgehalten. Egal, ob Pflegepersonal oder Therapeutinnen und Therapeuten, wir sind alle gleich.

Ein Hospiz muss wie ein Zuhause sein, eine gemütliche Atmosphäre ist sehr wichtig. Wir arbeiten auch mit Therapiehunden. 2017 haben wir ein Design-Projekt gestartet: Es ging um besondere Kleidung für schwerbehinderte Kinder, die schwer anzukleiden sind und ungewöhnliche Hosen oder Pullover brauchen. Die Sachen müssen anders zu öffnen oder breiter geschnitten sein, industriell gefertigte Kleidung passt oft nicht und ist unhandlich.

Wir führen auch Theaterstücke auf, an unterschiedlichen Orten in der Stadt, in Kirchen, auch mit sehr schwer erkrankten Kindern. Der Staat hat uns nie unterstützt. Unsere Finanzierung hat zwei Quellen: Spenden und den Verkauf von selbst hergestellten Sachen. Und das ging 14 Jahre gut.

Nachdem ich aus dem Arrest entlassen wurde, organisierte ich sofort eine Benefizveranstaltung für das Hospiz. Am Freitag war ich draußen und am Samstag habe ich schon wieder gearbeitet. Ich denke heute, KGB und Polizei haben verstanden, dass ich mich nicht ändern würde, dass die Strafe nichts bewirkt hatte, und so bekam ich eine neue Vorladung, ich sollte doch vor Gericht – wegen der Teilnahme an den Protesten nach der Wahl. Aber bevor ich erneut verhaftet werden konnte, wurde ich gewarnt, und ich entschloss mich, aus Belarus zu fliehen.

Seit einem Jahr sind wir in Vilnius. Mein Mann hat seine Arbeit aufgeben müssen … Es gab ein Problem mit unserer zehnjährigen Tochter. Sie hat mich beschuldigt, unser Leben zerstört zu haben. ›Du bist zu den Kundgebungen gegangen‹, hat sie gesagt, ›wenn du zu Hause geblieben wärst, hätten wir nicht weg gemusst.‹ Erst in Auschwitz hat sie mehr verstanden, sie hat mit eigenen Augen gesehen, was Verfolgung bedeutet und wo sie enden kann.

Den Kindern ging es hier anfangs nicht so gut, die Wohnung ist klein, sie vermissen ihre Freunde ... Mit der Zeit wurde es besser, aber auch für meinen Mann ist es nach wie vor schwer ... Wir sind nur mit einem Koffer für uns vier geflohen. Ich war mir sicher, dass wir nach zwei Wochen zurückkehren würden, nach dem Verhandlungstermin. Am 22. Oktober 2020 sind wir ins Auto gestiegen. Am 23. Oktober wurde ich schon polizeilich gesucht.

Nach meiner Flucht wurde auch das Hospiz ins Visier genommen. Meine Mitarbeiter haben Furchtbares erdulden müssen, sie wurden vernommen, verhaftet und ohne Essen festgehalten ... Alle Gesetze wurden ihnen gegenüber gebrochen, alle. Die Eltern der schwer kranken Kinder haben das Gleiche erlebt. Die Polizei hat die Türen des Hospizes aufgebrochen – wir haben davon Aufnahmen, die Taten sind dokumentiert. Auch unser Haus in Grodno wurde durchsucht ... Sie haben nichts Besonderes gefunden, aber man weiß, wie ein Haus nach einer Durchsuchung aussieht ...«

Volha Vialichka wird von Interpol gesucht. Zu den 194 Mitgliedsstaaten der Internationalen Kriminalpolizeilichen Organisation gehört auch Belarus. Wie kann das sein, dass die Leiterin eines Hospizes, die als politischer Flüchtling Belarus verlassen musste, von einer internationalen Organisation, die auf Kriminelle spezialisiert ist, gesucht wird?

Sie schaut mich an und lächelt. Wir schweigen beide. Erst nach der Flugzeugentführung hat man im Westen gesehen, mit wem man es in Belarus zu tun hat. Erst dann. Davor nicht. Und jetzt, durch die humanitäre Flüchtlingskatastrophe an der belarussisch-polnischen Grenze, zeigt sich der staatliche Wahnsinn noch deutlicher. Dort sterben Menschen.

Als wir das Gespräch führen, ist Herbst, es gibt die ersten Todesopfer im Wald an der Grenze, wo die von Lukaschenko ins Land gelockten Flüchtlinge wochenlang ausharren. Was im Winter passieren wird, mögen wir uns beide nicht vorstellen.

Ich frage sie, ob sie denkt, dass die Proteste eine positive Veränderung in Belarus bewirken.

»Eindeutig, aber wir wissen nicht, wann. In der Geschichte jeder Nation gibt es diesen Moment, der die ganze Nation verändert. Seit 2020 wollen die Belarussen nicht mehr so leben wie zuvor. Die alte sowjetische und die faschistische Ideologie beinhalteten, dass das menschliche Leben nichts wert sei. Die neue Generation weiß, dass ihr Leben alles bedeutet. Ich verstehe diese Wende als eine Konfrontation zwischen Totalitarismus und Humanismus.«

Ich frage, ob es eine Revolution der Frauen sei.

»Ja, ich weiß, dass man so über unsere Proteste spricht, dass wir, die Belarussinnen, stark sind. Das sind wunderbare Worte, aber man sollte es realistisch sehen und überlegen, wie man dieses Narrativ umsetzen kann, nicht nur für uns, auch für unsere Kinder. Aber vielleicht haben wir die einmalige Chance, den Feminismus in der belarussischen Gesetzgebung zu verankern. Vor der Wahl meinte Lukaschenko, dass die belarussische Verfassung nicht für Frauen geschrieben wurde … Wenn die Frauen an die Regierung kämen, sagte er, dann zerfiele die Verfassung.«

Volha lacht.

»Jetzt schreibt er selbst die Verfassung um. Wir sollten auch die Prozesse in den anderen Ländern des postkommunistischen Blocks beobachten, zum Beispiel in Polen und Litauen, was sie bezüglich der Situation der Frauen richtig und was sie falsch machen, welche Fehler wir vermeiden können. Im Westen Europas haben andere Prozesse stattgefunden, deshalb sollten wir uns daran orientieren, was in den letzten 30 Jahren in den jungen Demokratien passiert ist. Unsere Männer sind an unserer Seite, wir unterstützen uns gegenseitig.«

Das, denke ich, werden jene, die in Belarus noch in Freiheit sind, nicht laut sagen. Swetlana Tichanowskaja, die ebenfalls in Vilnius in der Emigration lebt, hatte ihren ganzen Mut zusammengenommen, um anstelle ihres Ehemanns als Präsidentschaftskandidatin gegen Lukaschenko anzutreten. Viktor Barbariko, Siarhej Tichanowski, alle, die gegen Aleksander Lukaschenko antreten wollten, sind im Gefängnis. Eine andere Gesprächspartnerin kämpfte von Vilnius aus für die Befreiung ihres Dima, der für Siarhej Tichanowski Unterschriften gesammelt hatte und für ihn als Web-Administrator tätig gewesen war.

»Es ist eine Geschichte, hier zu sein und zu beobachten, wie sich die Situation in Belarus entwickelt«, erzählt Volha weiter, »und eine andere, im Gefängnis zu sein, unter schrecklichen Bedingungen wie die aktuell über 800 Inhaftierten, die nicht wissen, was mit ihnen geschehen wird. Gerade ist eine Frau für zwei Jahre verurteilt worden, weil sie Kommentare in den sozialen Medien gepostet hat, die der Regierung nicht gefallen haben. Ihr Prozess hat 30 Minuten gedauert – was sind 30 Minuten gegen zwei Jahre ihres Lebens …

In den Jahrzehnten des Lukaschenko-Regimes ist, neben einem neuen Bürgertum, eine Armee von Regierungssklaven entstanden. Das sind in der Mehrzahl wenig gebildete Menschen, die alles tun, was man von ihnen verlangt, weil sie glauben, eines Tages gehört die Macht ihnen. Sie machen sich keine Gedanken über gesellschaftliche Zusammenhänge, sie denken vor allem an sich selbst. Sie wissen jedoch, dass sie nicht mehr gebraucht werden, wenn die Regierung wechselt.

Im Jahr 2020 haben wir auch erfahren, dass ein Belarusse einen anderen misshandeln kann. Es gibt Dokumentationen, Filme, vieles wurde festgehalten, es gibt Beweise. Wir werden keinen dicken Strich ziehen können unter die Vergangenheit wie in Polen nach 1989. Die opportunistischen Lehrer, Polizisten, OMON-Mitglieder – mit ihnen allen werden wir Probleme bekommen. Jeden Tag werden erneut Menschen verhaftet. Das ist eine Maschinerie, die, einmal in Bewegung gesetzt, offenbar nicht mehr gestoppt werden kann.«

Der Deutschen Welle sagte eine andere prominente Protagonistin der Protestbewegung, Maria Kalesnikava, eine der drei Hauptfiguren der Proteste neben Swetlana Tichanowskaja und Veronika Zepkalo, der elf Jahre Haft drohen: »Das Regime in Belarus habe sich für den Weg ins Nirgendwo entschieden.« (https://www.dw.com/de/maria-kolesnikowa-das-regime-in-belarus-ist-auf-dem-weg-ins-nirgendwo/a-60009621) Volha würde ihr zustimmen.

»Der Totalitarismus frisst sich selbst auf, jedes totalitäre System muss zusammenbrechen. Sie haben die Lektionen des russischen Kommunismus nicht gelernt. Dort, wie auch im faschistischen Deutschland, war das Leben des Einzelnen nichts wert. Wenn nur der Machterhalt Ziel einer Regierung ist, gibt es keinen Respekt vor bürgerlichen Belangen. Bei uns kämpfen zwei Ideologien gegeneinander: die sowjetische und die menschenfreundliche, neue demokratische Denkschule. Manche sagen immer noch, Stalin sei ihr Held, aber sie wollen gleichzeitig mit schwedischem Komfort leben ...

Der politische Kampf hat mich verändert. Ich habe so oft gedacht, dass ich mich nicht mehr engagieren werde, mich ruhig verhalte. Aber es ging nicht, auch wenn ich mich noch so sehr angestrengt habe. Es war nicht möglich aufzuhören.«

Volha bringt wieder das Beispiel von Auschwitz.

»Diese Reise nach Polen, nach Auschwitz, hat meiner Tochter geholfen, mich zu verstehen. Sie hat gesehen, wie die Menschen im Lager leben mussten, dass sie auf dem nackten Boden schlafen mussten. Das war eine radikale Lektion.

Gerade war meine Freundin in Belarus. Sie ist kein politischer Flüchtling, deshalb darf sie über die Grenze und zurück. Was sie erzählt, ist furchtbar. Die Menschen stehen unter unglaublichem Druck. Durch die wirtschaftlichen Sanktionen geht es ihnen noch schlechter. Aber auch wenn Versammlungen verboten sind, Menschen immer wieder inhaftiert werden, die Presse kontrolliert wird und man sogar für Posts in den sozialen Medien inhaftiert werden kann, stauen sich bei den Menschen die Emotionen. Es muss erlaubt sein, seine Gefühle mitzuteilen, sonst passiert, was sich vor

Kurzem ereignet hat: Ein junger Reservist, Andrej Zelcer, Informatiker, wollte seine Wohnung verteidigen, griff zu seinem Gewehr und tötete einen der KGB-Beamten, die bei ihm eingebrochen waren. Es war eine Gruppe Nichtuniformierter gewesen. Andrej Zelcer hatte sie durch den Spion beobachtet und zunächst die Polizei alarmiert. Das hat die Agentur Reuters später berichtet. Zelcer hatte mit einem Jagdgewehr auf die Männer geschossen und einen tödlich getroffen.

Seine Frau hielt sich auch in der Wohnung auf. Sie wurde unter dem Vorwurf der Mittäterschaft verhaftet. Weil Andrej Zelcer für eine amerikanische Firma gearbeitet hat und angeblich die amerikanische Staatsbürgerschaft besaß – was nicht bestätigt wurde –, hat die Botschafterin der USA in Minsk, Julia Fisher, sich entschieden gegen die Gewalt gegenüber US-Bürgern seitens des belarussischen Staatsapparats ausgesprochen. Daraufhin wurde ihr im August 2021 der Status als Botschafterin aberkannt. Julia Fisher arbeitet seitdem von Vilnius aus.

Es war das erste Mal, dass eine Schusswaffe gebraucht wurde. Andrej Zelcer ist bei dem Schusswechsel auch ums Leben gekommen. Zum ersten Mal ist so etwas passiert. Ein Mensch kann seine Emotionen nicht ewig unterdrücken. Das ist ein physikalisches Gesetz – wenn es kein Ventil gibt, ist eine Explosion unvermeidlich. Wenn die Emotionen zu lange unterdrückt werden, wenn Menschen weder in Gesprächen noch schriftlich sich ausdrücken dürfen, kann es passieren, dass jemand zur Waffe greift. In diesen Zustand werden sie die Bevölkerung immer weitertreiben, das befürchte ich. Andrej Zelcer ist übrigens gestern erst begraben worden.«

Wir machen eine Pause, bestellen Tee. Volha Vialichka erzählt weiter, dieses Mal von sich.

»Ich bin eine Idealistin. Aber inzwischen habe ich verstanden, dass ich nie eine gerechte Welt erleben werde, gerecht im globalen Sinn. Als mir diese Tatsache in ihrer ganzen Tragweite bewusst wurde, war ich schockiert. Es ist schwer zu realisieren, dass einem weder Recht noch Gerechtigkeit je widerfahren wird. Vielleicht werden selbst meine Kinder und ihre Kinder es nie erfahren.«

Ich versuche Volha mit einem polnischen Sprichwort zu trösten: Man solle so leben, dass man sich im Spiegel anschauen kann.

Volha reicht mein schwacher Trostversuch nicht.

»Weißt du, unser Leben ist kurz. Und ich bin überzeugt, dass wir verschiedene Aufgaben zu erfüllen haben. Wenn ich alt bin, möchte ich aufzählen können, was ich alles geschafft habe. Was ich nicht geschafft habe, bleibt hängen – unsere Zeit ist doch so begrenzt. Das macht mich traurig.«

Vielleicht könne man die Aufgaben, die übrig bleiben, an andere übertragen, an die nächste Generation zum Beispiel, sage ich.

Volha stimmt mir zu, doch eine tiefe Melancholie überschattet ihr Madonnengesicht.

»Dieses Gefühl der Freiheit war mir unbekannt, es war eine solche Entdeckung, ein Wandel innen und außen. Es war überwältigend. Jetzt belastet mich dieses Wissen. Es wäre vielleicht doch besser, kein Gefühl für Freiheit bekommen zu haben.

Ich weiß nicht, wie andere das empfinden, wie es in ein oder zwei Jahren sein wird, aber mein Herz ist schwer. Die Schwere kommt aus der Unfähigkeit, dieses Gefühl transformieren zu können. Weißt du, du erfährst etwas Neues und normalerweise kannst du es irgendwo ablegen, verwerten. Aber dieses Gefühl der verlorenen Freiheit kann ich nicht verwerten. Ich weiß nicht, wohin damit. Ich bin praktisch veranlagt und wenn ich etwas Neues erfahren habe, möchte ich es auch anwenden. Aber hier gibt es keine Anwendung mehr. Ich bin von Menschen unglaublich enttäuscht worden und zugleich haben mich Menschen begeistert, das hat meinen Glauben an sie gestärkt. Es sind zwei Seiten einer Medaille. Jetzt möchte ich nichts mehr verstehen, es reicht, ich bin fertig. Gott gibt dir so viel, wie du tragen kannst, nicht mehr und nicht weniger. Ich kann nichts mehr tragen.«

Wir lauschen kurz den Geräuschen im Restaurant. Es ist voll geworden, die meisten Tische sind besetzt. Um uns herum wird gefeiert, geflirtet, einige wenige Touristen probieren litauische Gerichte. Wir sind nicht weit von Grodno entfernt, nur 170 Kilometer trennen Vilnius von Volhas Heimatstadt. Bis zur Grenze sind es nicht mal 40 Kilometer. Eine halbe Stunde Fahrt und man ist in einer anderen Welt, in der andere Gesetze herrschen.

»Ich habe eine Zeit lang in einer idealen Welt gelebt, in unserem Hospiz. Dort haben wir die Idee der Gleichheit deklariert und praktiziert. Wir haben uns eine perfekte kleine Welt geschaffen, mit sehr ehrlichen, rechtschaffenen, liebevollen Menschen. Wir haben uns, die Kinder, ihre Familien respektiert. Ja, das war eine besondere, ideale Insel. Und dann, im Sommer 2020, wurde ich aus dieser kleinen Welt herausgerissen und habe andere Menschen kennengelernt, großartige, aber auch niederträchtige. Ich bin in gewisser Weise auch dankbar dafür. Alles im Leben funktioniert entweder aus Liebe oder aus Angst, davon bin ich überzeugt. Dieser Grundsatz findet sich sowohl in der Kunst als auch im Marketing. Diese Gewissheit wurde, neben dem Gefühl der Freiheit, im Sommer 2020 zu einer meiner tiefsten Erfahrungen.

Was die Veränderung betrifft, ein bisschen Hoffnung habe ich noch. Wenn ich gefragt werde, ob das Volk in Belarus eine Chance hat, die Diktatur zu überwinden, denke ich an eine Szene. Kurz vor meiner Flucht habe ich in Belarus ein Kind gesehen, einen Dreijährigen auf einem Spielplatz, der mit einem kleinen Auto spielte. Er sagte: ›Wenn ich groß bin, werde ich Feuerwehrmann. Kein Polizist, ein Feuerwehrmann. Polizisten sind böse, sie verprügeln Menschen.‹

Nun, wenn ein Dreijähriger so etwas sagt, dann war das alles nicht umsonst. Dann hat sich vielleicht doch etwas geändert, wenigstens für die nächste Generation.«

Inna Trusava (geb. 1974)

ICH GLAUBE IMMER NOCH AN WUNDER

Inna ist Therapeutin. Als selbstständige Unternehmerin unterhielt sie in Minsk neun Praxen, in denen Entwicklungsstörungen behandelt wurden, zum Beispiel Stottern, kognitive Probleme, Autismus, sensorische Themen. In Belarus gibt es den Beruf des »Defektologen«, also jemanden, der diverse »Defekte« des Menschen, psychische wie physische, behandelt. Inna war auch zehn Jahre in der Familientherapie tätig. Sie hat drei Studiengänge abgeschlossen: Psychologie, Defektologie und Betriebswirtschaft. Darüber hinaus hat sie regelmäßig Kursangebote in Russland, Deutschland und in der Schweiz wahrgenommen, um ihre Kompetenzen zu erweitern. Sie ist nach wie vor in der Vereinigung der russischen Defektologinnen und Defektologen. In Belarus hat sie auch Kunst- und Märchentherapie angeboten und bei der Bewältigung von Krisen geholfen. Einige Jahre hat sie Ethik und Rhetorik an der Polizeischule in Minsk unterrichtet.

Seit einem Jahr wohnt Inna in Vilnius. Sie ist 47 Jahre alt und hat zwei Kinder, 15 und 20 Jahre alt. Ihr Sohn ist bei ihr in Vilnius, er studiert an der Humanistischen Universität. Die Tochter lebt wieder in Minsk, nach einem Aufenthalt in Litauen. Sie wollte ihre Schulbildung nicht unterbrechen. Sie ist eine sehr gute Schülerin, und das Lernen in einer fremden Sprache hätte ihre Leistungen beeinträchtigt. Als Inna Trusava zu unserer Verabredung kommt, ist sie außer Atem, sie kommt direkt von einer Beisetzung. Eine gepflegte Frau mit kurzem Haar, voller Energie, trotz des traurigen Anlasses. Ich frage sie nach ihrem Verhältnis zu dem Verstorbenen.

»Ramonas ist ganz plötzlich gestorben, keiner hat was geahnt. Ein guter Mensch. Er hat mir seine Wohnung überlassen, als ich nach Vilnius kam. Ich durfte umsonst bei ihm wohnen. Er selbst ist in der Zeit in Deutschland gewesen. Ramonas und ich haben uns damals nicht gekannt. Eine Freundin in Minsk hatte mir seine Telefonnummer gegeben. Als ich nach Vilnius kam, hat er mir die Schlüssel zu seiner Wohnung übergeben, und ich durfte die ersten Monate nach der Ausreise dort wohnen. Ein unglaublicher Mensch mit einem großen Herzen. Und jetzt ist er nicht mehr da, nur 55 Jahre ist er geworden … Ich frage mich, wie entscheidet Gott, wer sterben soll und wer leben darf? Aber Ramonas ist schnell gegangen, er hat sich nicht quälen müssen. Heute, auf dem Tilajty-Friedhof, hat ein katholischer Pfarrer ein Gebet für ihn gesprochen. Er hat etwas gesagt, als Trost für Ramonas' Tochter: dass Ramonas' Seele weiter bei uns ist. Sie dauert fort in den Kindern und Enkelkindern. Außerdem soll man seine Zeit nicht mit Trauer verbringen, weil Gott für uns Freude vorgesehen hat.«

Die Sonne an diesem Oktobertag ist stark. Ich beschließe, den Tisch und zwei Stühle aus dem Hotel in den Hof zu stellen, damit wir das Gespräch draußen weiterführen können. Der Tisch ist schwerer als gedacht, Inna packt mit an. Die Häuser in der Altstadt von Vilnius haben geräumige Hinterhöfe. In kunstvoll getöpferten Schalen und auf von Steinen gesäumten Beeten entfaltet sich eine herrliche Blumenpracht im Verein mit Kapuzinerkresse und allerlei Kräutern. Auf den langen Balkonen hängt Wäsche. Alles erscheint liebevoll herausgeputzt und friedlich.

Das Hotel befindet sich zwei Häuser entfernt vom ehemaligen

Wohnort des großen polnischen Dichters Adam Mickiewicz in der Bernardinou Gatve. In dieser Straße scheint die Zeit stehen geblieben zu sein, der Autor von *Pan Tadeusz oder die letzte Fehde in Litauen* könnte jeden Moment um die Ecke kommen und sich zu uns gesellen. Mickiewicz musste Vilnius 1824 verlassen, er hatte gegen die russische Besatzung Polens konspiriert und war nach Russland verbannt worden. Mir fällt auf, dass man in Mitteleuropa immer wieder auf das gleiche Schicksal stößt: Widerstand, Haft, Verbannung, kurz Heimatverlust.

Wir sitzen in der ungewohnt wärmenden Oktobersonne. Inna erzählt:

»Ich bin früher oft in Vilnius gewesen. Entweder habe ich hier etwas besichtigt oder ich bin am Flughafen nur umgestiegen. Ich habe mir nie vorgestellt, dass mein Leben eine solche Wende nimmt und ich eines Tages hier wohnen werde. Das Gras ist überall grün. Doch ich liebe Belarus, ich habe so gern in Minsk gewohnt, hatte dort ein großes Haus.

Lukaschenko habe ich nie gewählt. Mein Vater sagte immer, dass es ihm egal sei, wer an der Macht ist, Hauptsache, er bekäme am Ende des Monats sein Geld. Auch ich habe mich nie in politische Angelegenheiten eingemischt, habe keiner politischen Organisation angehört.

Meine Mutter war Leiterin der Stadtbibliothek in Minsk. Ihr Vater, also mein Großvater, der polnischer Abstammung war, hat ihr und mir viel vermittelt: die Liebe zum Lesen, zur Musik, er ist mit uns in die Philharmonie gegangen, ins Theater. Mein Vater hingegen hat als Fahrer für verschiedene Firmen gearbeitet. Er war nicht besonders gebildet, weder Bücher noch Theater oder Musik haben ihn interessiert. Familien wie unsere gibt es in Belarus häufiger: Die Frauen sind oft gebildeter als ihre Ehemänner. Mein Vater hatte russische Wurzeln. In meiner Familie hat niemand für Lukaschenko gestimmt, außer ihm. Er allein vertraute dem staatlichen Fernseh- und Radioprogramm mit anhaltendem Interesse.

In der Protestnacht nach der Wahl vom 9. auf den 10. August 2020 wurden mein Ex-Mann und ein Freund von der Polizei schwer verprügelt. Sie haben es dennoch geschafft wegzulaufen, Passanten halfen ihnen. Nach diesem Vorfall habe ich verstanden, dass ich mich jetzt auch politisch positionieren muss. Menschen dürfen nicht willkürlich verletzt werden, sie müssen die Freiheit der Wahl haben. Also habe ich angefangen, zu den Protestmärschen zu gehen, ich bin bei allen Frauenmärschen dabei gewesen. Diese Protestbewegung bedeutete mir sehr viel. Wir haben unsere Kraft und Würde entdeckt, wir haben gesehen, dass wir viele sind, zum ersten Mal. Von meinen Kontakten in der Polizeischule habe ich erfahren, dass bei früheren Wahlen in Belarus Wahlscheine ausgetauscht wurden. Das haben mir dann auch andere an der Polizeischule bestätigt, es sei vor Jahren schon so gelaufen. Und auch die neuesten Wahlen waren offensichtlich manipuliert. Wir wollten, dass Lukaschenko sah, dass wir ihm nicht glaubten und dass wir viele sind.

Angeblich wurden Schritte zur Überprüfung der Wahlergebnisse unternommen. Ich bin so naiv gewesen und habe geglaubt, dass tatsächlich eine Überprüfung stattfindet, dass sowohl ausländische Beobachterinnen und Beobachter wie unsere eigenen Behörden Einsicht in die Wahlunterlagen nehmen. Unter anderem war die Initiative »Ehrliche Menschen« mit diesem Ziel gegründet worden.

Bekannte meinten zu mir, was musst du dich auch einmischen, du hast doch alles. Mein Haus war perfekt eingerichtet, und meine Praxen haben Gewinne erzielt. Mein Leben verlief ruhig und erfolgreich. Und plötzlich ging ich zu den Protesten, in einem weißen Kleid, mit Blumen in der Hand und der weiß-rot-weißen Flagge. In diesen Augusttagen waren wir euphorisch, wir glaubten an ein Wunder, wie Kinder. Mutig und entschlossen sind wir auf die Straßen gegangen, um gegen die gefälschte Wahl zu protestieren. Dieser Sommer war weiß-rot-weiß. Eigentlich sind mir die Farben der Flagge egal, ob Grün und Rot oder Weiß und Rot. Aber jetzt ging es um Widerstand. Lukaschenko hatte anscheinend vergessen, dass er seinen Eid als Präsident auf die Nationalflagge geleistet hat. Ich habe in mir immer wieder Zwiesprache mit ihm gehalten: Erst hast du auf die Flagge geschworen, und jetzt trittst du sie mit Füßen.

In meinem Auto hatte ich hinten kleine weiß-rote Vorhänge, wenn man sie zuzog, sahen sie aus wie Flaggen. Freunde haben mich gewarnt, dass das verrückt sei, denn es war nicht ungefährlich, diese Farben zu zeigen. Aber ich war entschlossen, mit dieser kleinen Demonstration von Freiheit an meiner Gesinnung festzuhalten.

Am 12. Oktober 2020 gab es einen Protest von Rentnerinnen und Rentnern und Studierenden. Die Demonstrierenden wurden mit Tränengas und Wasserwerfern auseinandergetrieben. Mein Handy war einen Tag zuvor kaputtgegangen. Auf dem neuen Gerät gab es keine Fotos von Protesten, keine Fotos von Flaggen, nur Telegram funktionierte. Über Telegram erhielt ich die Nachricht, dass man mit Autos die Straßen blockieren soll. Seit August hatte ich ein nagelneues Auto, direkt vom Händler, einen silberfarbenen Volkswagen Polo. Die Hupe ging sehr schnell kaputt, weil wir im August ständig hupend herumgefahren sind. Ich bin in die Werkstatt, um die Hupe reparieren zu lassen, außerdem war noch eine Lichtanzeige kaputt, aber dort meinten sie, es sei nicht schlimm, etwas sei falsch eingestellt, das Auto wäre in Ordnung.

Am Abend des 12. Oktober, nach der Arbeit, habe ich in einer Seitenstraße angehalten, das Warndreieck aufgestellt und abgewartet. Aber keiner kam, und nach 20 Minuten bin ich dann zur Kammennaja-Gorka-Straße gefahren, unweit des bekannten Kaufhauses, wo sich viele Protestierende versammelt hatten. Ich habe mich etwa 15 Meter von diesem Geschäft entfernt hingestellt und wieder das Warndreieck auf die Straße gestellt. Viele Demonstrierende hatten vermummte Gesichter, und ich habe deshalb zuerst befürchtet, dass sie vom Geheimdienst sind, aber als sie auf mich zukamen, fragten sie nur, ob ich Hilfe bräuchte. Ich sagte, dass mein Auto in Ordnung sei und ich das Warndreieck nur zum Schein aufgestellt hätte, um in Wahrheit die Straße zu blockieren. Sie brachten mir daraufhin weiß-rote Plastikzäune, wie sie bei Bauarbeiten benutzt werden, und stellten sie auf die Straße um mein Auto. Noch zwei weitere

Autofahrer stellten ihre Fahrzeuge neben meinem Polo ab, trotzdem haben wir nur die halbe Straße blockiert. Links an uns konnte noch ein Bus durchfahren, und wir haben auch daran gedacht, dass für Rettungswagen ein Weg frei blieb. Wir haben also verantwortungsbewusst gehandelt. Schließlich weiß man doch, was alles passieren kann, dass vielleicht Leben gerettet werden müssen, die Feuerwehr muss durchkommen können und so weiter. Meine 14-jährige Tochter war bei mir. Sie stand neben dem Auto, winkte den Vorbeifahrenden zu, machte das Victory-Zeichen.

Die ganze Zeit war mir nicht klar, dass ich von Kameras beobachtet werde. Minutenlang standen wir auf der Straße, als laute Schreie uns vor den angreifenden OMON-Sondereinheiten der Polizei warnten. Die anderen Autofahrer entfernten sich zügig, auch ich bin in mein Auto gestiegen und wollte losfahren. Da fährt mir plötzlich von links einer rein, direkt in meine Seite. Zuerst habe ich gedacht, dass mit meinem Auto etwas nicht in Ordnung sei, aber nein, die Türen wurden aufgerissen und uniformierte Polizisten forderten mich und meine Tochter auf auszusteigen. Sie schrien uns an: ›Du F..., schnell, raus aus dem Auto!‹

Ich habe mich am Lenkrad festgehalten und gefragt, was sie wollen, aber sie haben mich gewaltsam aus dem Auto gezerrt. Draußen habe ich gesehen, dass es ein Jeep war, der mir tatsächlich in die Seite gefahren war. Der neue Polo war ruiniert. Auf der anderen Seite wurde meine Tochter aus dem Auto gezerrt. In der Nähe stand ein Gefangenenbus. Sie haben meine Tochter in Richtung des Busses getrieben, während ich noch versucht habe, mich zu wehren.«

Inna steht auf und zeigt mir die Haltung, die sie eingenommen hatte. Sie stellt sich breitbeinig hin und steht sehr fest auf dem Boden. Sie hat Judo trainiert und weiß, was zu tun ist, wenn man angegriffen wird. Inna wurde schon einmal überfallen, in einem Fahrstuhl von einem mit einem Messer bewaffneten Mann. Sie waren allein. Inna erzählt und zeigt mir, wie sie sich gewehrt hat: Sie hat mit einer Hand den Arm des Angreifers festgehalten, vom Adrenalin stark wie ein Terminator, sodass der Mann es nicht geschafft hat, sich zu bewegen. Und sie hat geschrien. Durch den Kampfsport weiß sie, wie sie stehen muss, damit sie stabil bleibt. Erst Stunden nach dem Vorfall, zu Hause bei ihrer Mutter, hat Inna geweint und am ganzen Körper gezittert.

»Ich reagiere sehr schnell und entschieden, wenn ich angegriffen werde, wie eine Kriegerin. Intuitiv weiß ich, was zu tun ist, wie ich mich zu wehren habe. Mich aus dem Gleichgewicht zu bringen ist nicht leicht. Wenn ich Stress habe, werde ich nicht schwach, sondern mobilisiere meine ganze Kraft. Adrenalin und Cortisol sind meine Freunde. Außerdem kenne ich mich mit Psychologie aus und weiß, dass man in solchen Situationen keine Angst zeigen darf.

Also, ich stehe breitbeinig und kampfbereit vor den Polizisten und schreie sie an: ›Was wollt ihr von uns, lasst uns in Ruhe!‹ Sie fluchen fürchterlich, *suka na chuj*, sind ordinär, packen mich gewaltsam und drücken mir den Kopf nach vorn, dann werfen sie mich in einen anderen Bus als meine Tochter. Und in diesem Moment erschrecke ich, weil meine Tochter allein ist, sie wird ohne mich durchdrehen. Ich schreie die Polizisten an, dass meine Tochter nicht volljährig ist und mit mir zusammen sein muss. Und wieder höre ich nur ordinäre Flüche, ›halt die Fresse, du Schlampe‹. Aber ich lasse nicht locker, und nach wiederholten Bitten holen sie tatsächlich meine Tochter und schubsen sie in den Bus zu mir.

Ich lag auf dem Boden und bat darum, dass meine Tochter sitzen darf. Der Bus ist dann losgefahren, um an anderen Orten weitere Menschen gefangen zu nehmen. Der Gefangenentransporter war voll, nach uns ist noch ein junger Mann gefasst und ebenfalls auf den Boden geworfen worden. Meine Tochter jammerte, sie bat mich, dass ich bloß nichts sagen sollte, sie kannte meine Frechheit und Kampfbereitschaft. Natürlich kenne ich den Unterschied zwischen Angeberei, falschem Heldenmut und vernünftigem Verhalten. Aber in diesem Fall sagte ich zu meiner Tochter, sowohl du als auch die Polizisten sollen wissen, dass wir keine Verbrecherinnen sind und unrechtmäßig verhaftet wurden. Unser Auto wurde absichtlich zu Schrott gefahren, wir wurden gewaltsam aus dem Auto gezerrt, meine Sachen sind dort geblieben, meine Tasche, meine Jacke, alles.

Ich trug nur eine leichte Bluse, der Tag war jedoch sehr kühl. Dazu hatte ich noch meine Tage, aber Tampons waren in der Tasche im Auto. Man muss sich das vorstellen, was das für eine Frau bedeutet, ohne Tampons oder Binden mitten in der Monatsblutung. Ich zitterte vor Unruhe – nicht so sehr wegen der Verhaftung, sondern aufgrund meiner misslichen Lage als Frau. Es war mir klar, dass mir bald das Blut die Beine herunterlaufen würde.

Als meine Tochter wiederholt fragte, was aus uns würde, sagte ich, dass wir im Recht seien und nichts verbrochen hätten. Sie bat mich trotzdem, dass ich schweigen sollte. Eine Zeit lang verhielt ich mich auch ruhig. Einer der Polizisten, es war wohl der Chef der Truppe, hatte ein Sprachproblem, wie ich schnell herausgehört hatte. Er stotterte stark. Ich habe ihn gefragt, ob er etwa nervös sei und deshalb stottere. Meine Tochter geriet in Panik, dass ich schon wieder provozierte und wir verprügelt würden. Sie hatte Angst, das ist normal. Ich wusste aber aus meiner psychologischen Praxis, dass man in einer solchen Situation Fragen stellen muss, die das System stören, die unpassend erscheinen. Also beharrte ich auf meiner Frage nach dem Stottern. Der OMON-Mann antwortete mir, dass er schon immer gestottert habe, seit seiner Kindheit. Ich sprach zu ihm als Therapeutin, sagte, dass er zu einem Logopäden hätte gehen müssen, Atemtechniken üben. Er antwortete etwas verlegen, dass er alles probiert habe, aber nichts geholfen hätte. Damit war das Muster durchbrochen, mein Verhalten war unerwartet. Alle reagierten schockiert, warum ich mich wichtigtun würde, statt zu weinen. Ich habe daraufhin von meinem Beruf erzählt und dabei so gesprochen, als ob wir in einer normalen Situation wären, als ob wir einfach eine Konversation führen würden und nicht gefangen in einem Polizeibus säßen.

Wir wurden in das Polizeirevier des Kalwaria-Bezirks gebracht. Neben mir im Revierflur saß blutüberströmt ein junger Mann. Mir wurde sofort das Handy abgenommen, ich wurde nach der PIN gefragt. Wie ich schon erzählt habe, war es neu, es waren keine Fotos darauf, nichts. Ich hatte auch keine sozialen Medien installiert, kein Instagram, kein Facebook. Die Polizisten fragten mich, warum mein Auto mitten auf der Straße stand. Ich habe ihnen geantwortet, dass ich doch ein Warndreieck aufgestellt hätte. Ich wurde endlos verhört auf die klassische Methode, mal von einem netten, dann von einem bösen Polizisten. Ich wurde fotografiert, und immer wieder wurden meine Fingerabdrücke abgenommen, vielleicht 15 Mal. Ich durfte meine Hände nicht waschen. Seit meiner Festnahme waren Stunden vergangen, und ich habe dagesessen und gespürt, wie mir das Blut die Beine herunterlief. Das war schlimm. Der Stuhl unter meinem Hintern wurde immer nasser. Und meine Hände waren schwarz von der Tinte. Ich habe gebeten, auf die Toilette gehen zu dürfen, ich fragte nach einer Binde, aber keiner hatte so etwas für mich. Ich bekam ein Stück Klopapier, aber was sollte ich damit, es reichte nicht aus. Die Toiletten waren in einem schlimmen Zustand, es gab keine Seife, nur kaltes Wasser. Als ich aufstand, war mein Stuhl rot von der Monatsblutung. Ich sagte zu den Polizisten, schaut, das bleibt jetzt bei euch. Wenn ich es geahnt hätte, hätte ich mir Tampons in die Hosentaschen gesteckt, aber alles kam so plötzlich. Schließlich wurde ich rausgeführt, auf die Straße, ohne Jacke, mit blutbefleckter Hose und schwarzen Händen. Und dann in ein anderes Revier überführt.«

Im Arrest haben Frauen noch mal andere Probleme als Männer. Das Blut fließt auch, ohne dass sie geschlagen werden müssen.

»Meine Tochter durfte ihren Vater anrufen, und er hat sie nach Hause mitgenommen. Ich war allein, und keiner wusste, wo ich mich befand. Ich wurde zu anderen Polizisten gebracht, die mich weiter befragt haben. Die halbe Nacht wurde ich immer wieder verhört. Eine Situation habe ich besonders befürchtet, dass ich vor einer Kamera meine vermeintliche Schuld zugeben muss. Das war gängige Praxis, und vor allem junge Männer wurden so mit Gewalt zu einem Geständnis gezwungen.

Mitten in der Nacht wurde ich zu einem Veranstaltungssaal im Stadtzentrum gebracht. Dort hat man alle, die in der Nacht festgenommen worden waren, hingebracht. Vor der Bühne saßen Staatsbeamte, die notierten, welche Gegenstände wir mit uns geführt haben. Ein denkwürdiges Spektakel war das. Wir waren etwa 50, 60 Personen in dem Saal und wurden so platziert, dass immer zwei Sitze zwischen uns frei waren.«

Inna, die mir bislang gefasst von ihrer Verhaftung erzählt hat, stehen plötzlich Tränen in den Augen. Ihre Stimme bricht. Sie kann sich kaum noch artikulieren.

»Dort habe ich Männer gesehen, die so schlimm verprügelt wurden, dass sie kaum noch ihre Beine bewegen konnten. Sie wurden hereingetragen. Einer war sogar bewusstlos, weil ihm auf den Kopf geschlagen wurde. Uns hat man eine Fünfliterflasche Wasser mitgebracht. Ich habe in die Runde gefragt, wer trinken möchte. Es war uns nicht verboten, miteinander zu sprechen, trotzdem wurden wir erneut von Polizisten beschimpft. Sie riefen, ›Haltet das Maul, ihr Schlampen‹ und Ähnliches. Die inhaftierten Männer sagten: ›Mädchen, haltet durch, passt auf euch auf.‹ Ich ging zu einem sehr schlimm misshandelten jungen Mann und reichte ihm Wasser.

Danach wurde ich nach vorne gerufen, zu einem der Tische, meine Sachen sollten registriert werden. Dort erwartete mich eine Überraschung. Die Frau, die Dienst hatte und feststellen sollte, was ich mit mir führe, war eine ehemalige Schülerin von mir. Sie hieß Aleksandra und erkannte mich sofort. ›Inna Nikolajewna‹, sagte sie zu mir, ›Sie waren als Lehrerin doch so rechtschaffend. Was machen Sie hier?‹

Unter Rechtschaffenheit verstand sie eindeutig etwas anderes als ich. Sie wähnte sich auf der Seite der Guten, in ihren Augen war ich eine Verbrecherin, meine frühere Autorität galt nicht mehr.

Ich fragte sie nach einer Binde. Sie erlaubte mir, auf die Toilette zu gehen, aber Binden gab es nicht, nirgends. Dann hat sie in einer

Liste vermerkt, was ich dabeihatte. Anschließend wurden mir sogar die Schnürsenkel abgenommen. Sie fragte mich, wie ich es wagen könne, so frech zu den Polizisten zu sein. Ich antwortete, dass ich doch schon immer so gewesen sei. Plötzlich meinte einer der Männer: ›Schaut, wie viele wir sind und wie wenige Polizisten uns gegenübersitzen. Eigentlich sollten wir sie verprügeln und nicht umgekehrt.‹ Daraufhin wurde er von OMON-Männern so schwer zusammengeschlagen, dass er das Bewusstsein verlor. Er war von Blut überströmt. Sie haben ihn rausgetragen und den Notarzt gerufen. Der Mann erlitt ernsthafte Verletzungen.«

Inna weint, wir machen eine Pause. Sie weint nie, wenn es um ihr eigenes Leid geht, die Tränen kommen ihr nur, wenn sie vom Leid anderer erzählt. Wir sitzen immer noch im Hof. Leute gehen an uns vorbei, wir grüßen auf Litauisch: »Labas – Guten Tag.« Unsere Stühle stehen direkt unter den Fenstern, ich weiß nicht, ob uns jemand zuhören kann, und wenn, es ist uns egal. Wir nutzen den letzten Flecken Sonne, der Rest des Hofes liegt schon im Schatten.

Ich bitte Inna, weiterzuerzählen. Ich möchte alles aufschreiben. Ich stelle mir diesen Saal vor, mit Sitzen, rot vom Blut der misshandelten Männer und menstruierenden Frauen. Kein Theaterblut. An einem Ort, wo früher das Parfüm schicker Damen in der Luft hing, machen sich nun ganz andere Gerüche breit.

»Sie haben ihn auch hinter der Tür noch geschlagen, weil er geschrien hat. Und die anderen saßen da, mit durchgeschossenen Füßen und Beinen, überall war Blut. Alles war schmutzig, ein grauenhaftes Bild. Wir wurden immer wieder geschlagen, einfach so, und das im 21. Jahrhundert. Ich konnte es nicht fassen, was ich dort gesehen und erlebt habe.«

Danach wurde Inna ins Gefängnis gebracht. Bevor sie in der Zelle eingeschlossen wurde, durfte sie noch mal auf die Toilette. In der Nebenzelle waren Männer, sie klopften gegen die Tür und baten darum, dass ein Arzt gerufen wird, weil jemand Herzprobleme hatte. Aber die Wärter unternahmen nichts, sie haben keinen Notarzt gerufen.«

Inna kann mir kaum von den Vorkommnissen berichten, ihre Stimme wird von einem Weinkrampf erstickt. Wir unterbrechen kurz das Interview. Monate nach den Ereignissen ist Inna immer noch so schockiert, als ob sie das alles erst gestern erlebt hätte, die Rufe im Gefängnis, das Leid der anderen, das sie hautnah miterlebte.

»Stundenlang haben sie gegen die Tür geklopft und haben dennoch für den Mann in Not keine Hilfe erwirken können. In meiner Zelle war eine Frau, sie sagte, dass sie schon oft verhaftet worden sei. Eine Kriminelle, da war ich mir sicher, die mit mir zusammen eingesperrt wurde, um Informationen aus mir herauszukriegen. Es kamen dann noch zwei Frauen dazu, die eine trug ein schickes Kleid und High Heels. Sie war mit dem Auto unterwegs gewesen und hatte gesehen, wie Bereitschaftspolizei Demonstrierende verfolgte. Als sie eine Gruppe Menschen auf der Straße sah, warnte sie sie laut durch das offene Fenster rufend. Polizisten hatten mitbekommen, wie die Menschen auseinanderliefen, nachdem sie etwas gerufen hatte. Daraufhin wurde sie angehalten und verhaftet, ihr Auto wurde beschlagnahmt, und sie kam direkt in den Arrest.

Später kamen Polizisten, um uns auf verschiedene Gefängnisse zu verteilen. Die Frau mit den High Heels kam nach Schodino. Ich blieb in der Zelle zusammen mit der Kriminellen. Sie hatte überreichlich warme Kleidung, aber sie hat nichts mit mir geteilt. Es war unglaublich kalt in der Zelle, draußen waren es um die null Grad, und ich war zu leicht angezogen aus dem Haus gegangen, ich hatte weder eine Jacke noch einen Pullover an.

Die Kälte war das eine, das andere war, ich habe ein Magenproblem und muss alle drei Stunden eine Kleinigkeit essen. Ich hatte aber weder Wasser noch etwas zu essen, mein Magen schmerzte. Später brachten die Wächter eine Flasche Wasser für uns beide, aber das Wasser roch streng, keine Ahnung, woher sie es hatten. Einer der Wärter, ein junger Mann, war nett, netter als die anderen. Ich habe ihn immer wieder gebeten, zu den Waschräumen gehen zu dürfen. Er brachte mir auch etwas Papier für die Monatsblutung, aber das war so gut wie nichts.

Ich litt fürchterlich unter der Kälte, nie zuvor im Leben habe ich so gefroren. Vor Kälte konnte ich nicht schlafen. Gegen 6 Uhr früh wurde eine junge Frau aus einer anderen Zelle zu uns gebracht. Sie hatte eine Jacke und sie hat sie mir für kurze Zeit geliehen. Ich wollte nicht, dass sie so frieren musste wie ich, deshalb wollte ich die Jacke nicht länger behalten. Aber ich habe sie zunächst angenommen und ehrlich gesagt, diese Minuten der Entspannung waren eine Wohltat – ich habe noch nie so tief geschlafen, wie in dieser kurzen Zeit. Ich fühlte mich wie im Paradies.

Bis heute kann ich mich genau an dieses Gefühl erinnern und sage mir dann, Gott, wie wenig brauchen wir, um uns wohlzufühlen, was sind die echten grundlegenden Bedürfnisse des Menschen!? Wir brauchen in Wirklichkeit so wenig, aber wenn uns dieses wenige verwehrt bleibt, ist es schlimm. In der Zelle musste ich an eine Reise nach Berlin vor Jahren denken. Dort bin ich mit einem Taxi gefahren. Der Fahrer stammte aus Russland, und wir konnten uns unterhalten. Ich habe ihn gefragt, was das Leben in Berlin ausmacht, was da zählt. Das Gras ist doch überall gleich grün, dachte ich. Er meinte, dass, wenn in Deutschland ein Obdachloser krank wird, für ihn die Feuerwehr gerufen wird und er ins Krankenhaus kommt. Das menschliche Leben ist das Wichtigste in Deutschland, sagte er mit Nachdruck. Daran musste ich denken, während die Männer in der Zelle nebenan gegen die Tür pochten und keiner der Wärter den Notarzt rief.

Ich vermute, ich wurde nicht in das Hauptgefängnis Schodino verlegt, weil ich gerade in Scheidung war und meine 14-jährige Tochter bei mir lebte. Aus Schodino, das von Minsk 60 Kilometer entfernt liegt, kommst du nicht so schnell heraus. Zwei Tage nach meiner Entlassung aus dem Arrest hatte ich online einen Gerichtstermin zusammen mit anderen Angeklagten. Als ich gefragt wurde, warum ich mich an den Protesten beteiligt hatte, habe ich geantwortet, dass ich es nicht hinnehmen kann, wenn alte Menschen und Kinder angegriffen werden und ich es als meine Pflicht als Bürgerin sehe, so etwas zu verhindern. Ich sagte ganz offen, dass ich deshalb die Straße blockiert hatte. Am Abend wurde ich mit einem Awtosak abgeholt und wieder in den Arrest gebracht. So heißen bei uns die Gefangenentransporter mit sehr kleinen Kabinen. In jede Kabine passen ungefähr anderthalb Menschen, zu zweit kann man es aber nicht aushalten, so eng ist es. An der Decke befindet sich ein kleines vergittertes Fenster, aber normalerweise weiß man in so einem Gefährt nicht, wo man ist. Man ist eingepfercht zwischen zwei Wänden. Zu mir hat man eine vorbestrafte Frau reingequetscht, und sie hat versucht, mich auszufragen. Das war wieder so ein Trick, um an Informationen zu kommen. Ich habe dann beschlossen zu stehen, weil ich Angst hatte, dass sie mir etwas antut, wenn ich zu nah bei ihr sitze. Ich habe niemandem mehr vertraut.

Ich wurde ins Akrestina gebracht und kam dort in eine schmale Betonzelle, in der nichts war, kein Bett, keine Bank. In der Tür war nur ein kleiner Spalt, durch den man in die Zelle schauen konnte. Um Mitternacht wurde bei mir eine Leibesvisitation durchgeführt. Ich musste mich nackt ausziehen, auch die Binde vorlegen, als ob man irgendetwas Besonderes darin hätte finden können. Natürlich ging es nur um Demütigung. Aber ich habe mich nicht erniedrigen lassen. Ich habe mir gesagt, dass sie sich selbst demütigten, indem sie mich so behandelten. Ich stand nackt da und dachte: Was soll das denn alles, ich bin 47 Jahre alt, ich habe noch nie jemandem etwas angetan, ich habe Menschen mit meiner Arbeit geholfen, ich bin Therapeutin mit langer beruflicher Erfahrung und jetzt stehe ich hier und zeige meine blutige Binde vor. Was für ein absurdes Bild!

Wir waren viele in dem Raum, Männer und Frauen, und alle mussten warten, bis der Letzte durch war, das ging bis 6 Uhr früh. Erst dann wurden wir wieder in die Zellen gebracht. Dieses Mal kam ich in eine etwas größere Zelle. In einer Ecke war die Toilette, ein Loch im Boden, es stank fürchterlich. Aus Filmen wusste ich, dass es besser ist, unten zu schlafen, wenn man länger inhaftiert ist, aber ich zog das obere Bett vor, weil ich Angst hatte, dass mir meine Mitgefangene etwas antun könnte. Oben fühlte ich mich sicherer. Ich war wieder mit der vorbestraften Frau zusammen, aber sie wurde nach kurzer Zeit verlegt, und ich blieb allein.

Das Alleinsein war sogar noch schrecklicher als das Zusammensein mit der fremden, vom KGB instruierten Frau. Ich weiß nicht, wie man es längere Zeit allein in einer Zelle aushalten soll. Ich hatte schlimmste Befürchtungen und nichts, um mich abzulenken, kein Buch, gar nichts. In meinem Kopfkino tauchten Bilder meiner Kinder auf, ich überlegte, was aus ihnen würde, wenn man mich nicht freiließe. Ich hatte große Angst vor Schmerzen, vor Folter, die mich eventuell noch erwartete. Inzwischen hatte ich genug gesehen, um mir alles vorstellen zu können. Ich betete, dass ich stark bleiben und mich nicht brechen lassen würde, dass ich mich geistig nicht aufgab, auch wenn ich geschlagen werden sollte.

Ich hatte auch keine Ahnung, wie lange meine Haft anhalten würde. Mein Anwalt meinte, er versuche mich so schnell wie möglich freizubekommen, da meine Tochter noch minderjährig sei und ich alleinerziehend bin. Mein Sohn ist schon volljährig.

Schließlich erfuhr ich, dass der Staatsanwalt in der Schule meiner Tochter angerufen hatte, um sich nach der Familie zu erkundigen. Er drohte damit, meine Tochter in ein Heim stecken zu lassen. Die Lehrerinnen und Lehrer wurden so informiert, dass ich inhaftiert war, meine Tochter wurde daraufhin von ihnen schikaniert und bekam schlechtere Noten.«

Ich unterbreche Inna kurz und frage nach, ob das etwa die Schule ist, auf die ihre Tochter nach Minsk zurückgegangen ist, nachdem sie kurz bei ihr in Vilnius gewesen war.

»Ja, sie ist nach Minsk zurück in die alte Schule, weil der Direktor gewechselt hat und der neue sie fördert. Sie lebt bei meinem Ex-Mann, er kümmert sich um sie.

Nach drei Tagen Haft wurde ich freigelassen, ich musste jedoch eine Verpflichtungserklärung unterschreiben, die sogenannte *jawka*. Das bedeutete, dass ich sofort zu erscheinen hatte, sobald man mich vorlud. Ich wurde noch ein weiteres Mal verhört und noch einmal darauf hingewiesen, jeder Zeit für eine Vorladung bereit zu sein. Mein Handy wurde einbehalten, angeblich, um es noch genauer zu untersuchen. Ich war also ohne Telefon und musste jemanden auf der Straße ansprechen, um nach Hause zu telefonieren und um Abholung zu bitten. Ich habe mich geniert, weil ich so furchtbar ausgesehen habe … Die Jeans schmiss ich später in die Tonne, die konnte ich nie wieder sauber bekommen.

Vier Tage nach meiner Freilassung habe ich mir einen Riesendaunenmantel gekauft, so einen dicken, in den man sich richtig einmummeln kann. In den Tagen nach der Haft habe ich ständig gefroren, ich musste mich immer wieder in Decken einwickeln. Die verdammte Kälte ließ mich nicht los. Den Mantel habe ich auch nach Vilnius mitgenommen, er steht symbolisch für die Sicherheit, in der ich mich jetzt wähne. Nie wieder will ich so frieren wie in dieser furchtbaren Nacht in Haft.

Am 15. März 2021 wurde ich mit meiner Tochter zu einem Verhör vorgeladen, ich habe aber nicht erlaubt, dass meine Tochter verhört wird. Bei diesem Termin wurden mir auch Aufnahmen von unserer Verhaftung gezeigt. Für mein ›Vergehen‹ sollte ich eine Strafe in Höhe von 400 Euro zahlen. Ich hatte schon längst gezahlt, allerdings besaß ich keine Quittung. Später stellte sich heraus, dass mir von meinem Konto zusätzlich Geld abgezogen worden war für eine mir unbekannte Strafe. Nie habe ich eine amtliche Benachrichtigung über diese zweite Strafe bekommen. Die belarussische Agroprom Bank hat zugelassen, dass ein Gerichtsvollzieher einfach so von meinem Konto Geld abbucht. Ich konnte nichts dagegen tun, obwohl ich wusste, dass es nicht legal war. Diese Fälle gab es häufig, dass bei politischen Häftlingen unter irgendeinem Vorwand Geld von ihren Konten beschlagnahmt wurde. Die Banken haben sich bei den illegalen Praktiken seitens des Staatsapparats nicht quergestellt.«

In diesem Moment passiert eine Gruppe deutscher Touristen den Hof, ich schnappe einen Satz auf, der wie ein Kommentar zu unserem Gespräch klingt: »Es geht hier um Effizienz.« Die ganze Gruppe lacht, ich weiß natürlich nicht, um welche Effizienz es gerade geht, die belarussischen Behörden strebten jedenfalls etwas Ähnliches an. Effizienz, das war der passende Begriff an dieser Stelle. Effizientes Verteilen der Strafen unter den Protestierenden und effizientes Verteilen der Prämien unter den Polizisten, die im Fall einer Kündigung zurückgezahlt werden müssen. Ein Wirtschaftssystem, in dem das Prinzip von Zuckerbrot und Peitsche den Staatsterrorismus regelt.

Inna erzählt mir nun noch von ihrer Ausreise.

»Nach dem letzten Verhör habe ich mir sofort ein Visum für Litauen besorgt und mich entschlossen zu emigrieren. Mir drohte eine Haftstrafe von drei Jahren nach Paragraf 310 und noch mal drei Jahre nach Paragraf 340 wegen Blockade der Straße. Ich hatte keine Wahl, ich musste gehen. Nach meiner Ausreise wurde mein Haus durchsucht, meine Familie hatte zum Glück schon Flaggen oder andere Dinge, die mir hätten schaden können, weggeschafft, auch meinen Computer und diese Dinge. Niemand wusste von meinem Plan, außer einer Freundin und meiner Familie. Nach Vilnius bin ich mit einem Koffer gereist.«

Inna zeigt mir am Ende unseres Treffens ihr Visum mit dem Bild, das zehn Tage nach ihrem Gefängnisaufenthalt und den Schikanen, denen sie ausgesetzt gewesen war, aufgenommen wurde. Ich kann sie auf dem Foto kaum wiedererkennen. Es zeigt eine zermürbte Frau mit unendlich traurigen Augen, und sie scheint sehr viel älter zu sein als die Inna, die vor mir sitzt und sich ihr Gesicht vergnügt in die Sonne hält. Drei Tage belarussisches Gefängnis konnten aus einer so starken Frau wie Inna ein Wrack machen. Wie hat sie es geschafft, frage ich mich, sich hier in Vilnius so schnell ein neues Leben aufzubauen? Was ist ihr Geheimnis?

Ich gebe Inna ihr Visum zurück und sehe sie an. Sie strahlt wieder Zuversicht und Kraft aus. Wir verabschieden uns, als ihr Taxi kommt. Inna Trusava hat Termine, ihre Klienten warten. In Vilnius betreut sie zwei Familien mit autistischen Kindern, außerdem baut sie sich gerade eine Praxis auf. Es gibt inzwischen genug Belarussen in Litauen, die nach den traumatischen Erlebnissen ihre Hilfe benötigen. Inna ist bereit.

»Jeder hat die Wahl – zu verzweifeln oder stark zu bleiben. Ich habe mich für die Hoffnung entschieden. Und ich glaube immer noch an Wunder, an den Sieg der Güte, denn nur das Gute kann gewinnen. Auch, wenn noch keiner sagen kann, wann wir siegen werden.«

Volha Kariakina (geb. 1988)
und Dimitrij Furmanow (geb. 1984)

DIE KATZE HAT MIR DAS LEBEN GERETTET

Ich bin mit Volha Kariakina an einem Samstag im Oktober 2021 in Vilnius verabredet. Der Tag ist so schön, dass wir uns draußen treffen können. Im Bernhardiner-Garten sind viele Spaziergängerinnen und Spaziergänger unterwegs, auf den Wiesen werden Geburtstage gefeiert. Über uns thront der ehrwürdige Gedeminas-Berg mit seinem Turm, dem Wahrzeichen von Vilnius. Immer wieder sieht Volha belarussische Bekannte, die den sonnigen Tag ebenfalls im Park genießen.

Es ist gar nicht leicht, Volha dazu zu bringen, von sich selbst zu erzählen, immer wieder kommt sie auf Dimitrij zurück, den sie liebevoll Dima nennt. Volha liebt Dimitrij sehr, das sieht man ihr an, sie leuchtet, wenn sie seinen Namen ausspricht.

Als wir uns treffen, sitzt ihr Freund Dima noch im Gefängnis. Seit Ende Mai 2020 sitzt er ein. Volha, Verkäuferin und Aktivistin, hat im September 2021 ihre Heimatstadt Grodno verlassen müssen, sie ist nach Vilnius geflohen. Sie ist 33 Jahre alt und kinderlos. Die ersten Monate in der Emigration waren sehr einsam.

Als Volha nach Vilnius kam, nicht wissend, wann sie Dimitrij wiedersehen würde, stand sie kurz vor einer Depression. Die Grenzen von Realität und Traum verwischten sich, Volha fühlte sich wie im falschen Film. Aber ihre Freundinnen und Freunde in Vilnius hatten eine Idee. Um ihre Stimmung zu heben, schenkten sie ihr eine kleine Katze. Volha nannte sie Murkas.

»Diese Katze hat mir das Leben gerettet. Murkas ist schwarz-weiß und sehr hübsch. Ich weiß, dass jemand auf mich zu Hause wartet, ich muss mich um sie kümmern. Es war nicht leicht, mit ihr eine Wohnung zu finden, nicht jeder will an eine Flüchtlingsfrau mit Katze vermieten – aber ich wollte sie unbedingt behalten, denn ich habe sie wirklich gebraucht. Und letztlich habe ich für uns eine kleine Wohnung gefunden.

Anfangs haben mich Gewissenbisse gequält, weil ich nicht weitergekämpft habe. Man hat mich getröstet, dass ich im Gefängnis nicht viel hätte tun können. Nach dem 18. Januar 2021, als Dimitrij seine Gerichtsverhandlungen hatte, wurde ich wieder depressiv. Um dem etwas entgegenzusetzen habe ich wieder angefangen hier in Vilnius zu protestieren. Ich stand mit einem Plakat, auf dem er abgebildet war, vor der Botschaft von Belarus. Der Prozess zog sich bis Anfang Juni hin. Dimitrij wurde zusammen mit zwei anderen Volontären verurteilt, die mit ihm Unterschriften gesammelt hatten.«

Wir sitzen auf einer Parkbank im Bernhardiner-Garten, durch den sich die Vilnia schlängelt. In einer der schönsten Parkanlagen, die ich je gesehen habe. Die hohen Bäume schimmern in allen Farbtönen des Herbstes. Volhas langes rotes Haar passt perfekt in diese Kulisse.

»Seit einem Jahr bin ich hier, seit dem 13. Oktober 2020. Ich bin die Nacht durchgefahren. Ein Visum habe ich mir erst an der Grenze zu Litauen besorgt. Ich musste zwei Wochen in Quarantäne und danach habe ich angefangen, eine Wohnung zu suchen. Mittlerweile möchte ich meinen festen Wohnsitz in Litauen anmelden – die Gesetze in Belarus haben sich nicht geändert, also gibt es keine Wahl, ich bleibe hier.«

Ich frage nach ihrem politischen Werdegang. Wie bei jeder meiner Gesprächspartnerinnen interessiert mich, ob sie bereits vor der

Wahl 2020 politisch aktiv gewesen ist. Aber Volha erzählt wieder von Dimitrij. Ich verstehe, dass diese Geschichte von beiden handeln wird, von Volha und Dima, denn sie sind durch die Geschehnisse im Jahr 2020 so stark zusammengewachsen, dass man sie auch für das Buch nicht trennen kann. Außerdem fällt mir auf, dass ich mit der Aufzeichnung dieser Geschichte an einem 14. Februar begonnen habe, also am Valentinstag. Und sie handelt von einer Liebe, die einer schweren Prüfung ausgesetzt war.

»Dima und ich haben uns auf einem Fahrradausflug kennengelernt. Bis zu meiner Ausreise waren wir ein Jahr zusammen. Wir haben schon zusammengelebt. Dima hat Informatik studiert, ich habe in einem Geschäft als Verkäuferin gearbeitet. Zusammen haben wir Englisch gelernt, um uns weiterzubilden. Fahrradfahren war unsere gemeinsame Leidenschaft. Deshalb haben wir auch verschiedene Initiativen in Grodno gestartet, unter anderem für den Bau von Fahrradwegen. Auf Facebook betreiben wir die Seite ›Velogrodno‹. Wir haben mit Freunden lange Radausflüge auch außerhalb der Stadt unternommen. Manchmal haben wir uns auch verkleidet, zum Beispiel in der Weihnachtszeit. Das war wunderschön.«

Auf ihrer Facebook-Seite schaue ich mir Fotos an von jungen Menschen in Weihnachtskostümen auf feierlich geschmückten Rädern. Die Aufnahmen erinnern mich an die Berlin Christmas Biketour, die jedes Jahr an meinem Haus vorbeiführt. Volha ist auf den Fotos in der ersten Reihe, sie trägt einen auffälligen roten Mantel mit weißen Manschetten. Ihr Fahrrad ist mit einem Hirschkopf verziert, riesige, goldene Hörner stecken auf den beiden Enden des Lenkers. Ein anderer Fahrer ist als Bär verkleidet, die Räder sind mit Lichterketten geschmückt. *Dezember 2018, Weihnachtsprozession*, steht unter dem Bild.

Volha spricht leise, ich muss sie immer wieder bitten, lauter zu reden, denn ich fürchte, dass die Aufzeichnung sonst nicht gelingt. Ihr Gesicht ist ernst, Volhas Lächeln, mit dem sie auf den Fotos von der Weihnachtsprozession die Betrachtenden anstrahlt, ist seit der Verhaftung von Dimitrij Furmanow verschwunden.

Siarhej Tichanowski hat einen Video-Blog betrieben, »Das Land fürs Leben«, auf den er sowohl Filme und Interviews über die Mängel in Belarus wie auch Verbesserungsvorschläge, die den Alltag und die Politik betrafen, stellte. Die Videos produzierte er selbst. Er ist monatelang überall in Belarus unterwegs gewesen, hat mit Leuten gesprochen und die Aufnahmen auf seinem YouTube-Kanal veröffentlicht. Es ging dabei um praktische Dinge, Instandsetzungen in Städten und Gemeinden, und um Organisatorisches. Sein Kanal hatte über 300 000 Abonnenten. Sie waren es dann auch, die Tichanowski dazu aufforderten, für das Präsidentenamt zu kandidieren. »Sie haben keinen einzigen Kandidaten gesehen, dem sie folgen und vertrauen könnten«, sagte Tichanowski in einer öffentlichen Videobotschaft.

Bei Aufnahmen für seinen Kanal haben sich Dimitrij und Siarhej im Februar 2020 kennengelernt.

»Die beiden haben sich in Grodno getroffen, ein Video für den Blog aufgenommen und fanden sich sofort sympathisch. Ein weiteres Mal ist Tichanowski im April nach Grodno gekommen. Die Stimmung war schon ziemlich angeheizt, und alle hatten die Hoffnung, dass ein Machtwechsel tatsächlich gelingen würde. Immer der gleiche Mensch, der seit einem Vierteljahrhundert regierte, das war entschieden zu lange. Es gab einen Witz – die Belarussen sagten, dass man Lukaschenko wie eine bärtige Kakerlake mit dem Latschen erledigen sollte. Deshalb waren Badelatschen im Frühling 2020 ein Symbol der Opposition. Ich habe einen Riesenlatschen genäht, und Dimitrij hat ihn Siarhej Tichanowski bei seinem Besuch in Grodno am 26. April überreicht. Die Aktion wurde gefilmt und auf allen möglichen Social-Media-Kanälen verbreitet. Dieser Latschen hat Dima später eine zusätzliche Strafe eingebracht.

Nach dem 26. April hat man angefangen, in Grodno Menschen zu verhaften. Wenn eine Gruppe Freunde sich irgendwo traf, wurden sie für 24 Stunden in Arrest gesteckt – ohne Grund, einfach nur, weil sie zusammen waren. Auch uns hat man auf dem Kieker gehabt. Wir haben damals bei meiner Mutter gewohnt, aber Dima war woanders gemeldet, und wir waren nicht verheiratet. Eines Tages, es war der 8. Mai, stand die Polizei vor unserer Wohnung. Dima war zu Hause, ich nicht. Meine Mutter hat nicht geöffnet. Zwei Tage später waren sie wieder da. Diesmal ließ sie meine Mutter, die allein war, in die Wohnung. Sie trugen keine Uniformen und wechselten sich bei der Gesprächsführung ab. Ich wurde telefonisch benachrichtigt und habe dann die Zeit bei Freunden verbracht. Wir dachten, dass sie etwas von mir wollten, aber sie haben auf Dimitrij gewartet. Erst Monate später, bei einer Gerichtsverhandlung, habe ich erfahren, dass sie seitdem unsere Telefongespräche abgehört haben, sie legten uns Zitate aus den Gesprächen vor.

Fortan stand ein weißer Geländewagen vor unserem Haus. Bei uns fährt niemand so ein Auto. Wir wissen, was so ein Fahrzeug vor der Haustür bedeutet, meist sitzen KGB-Leute drin. Dima ist selten rausgegangen, er hat sich vorsichtig verhalten. Wenn er mal unterwegs war, hat man ihn einzuschüchtern versucht, zum Beispiel ist ein Wagen langsam neben ihm hergefahren. Mich hat man in Ruhe gelassen.

Dimitrij ist mit Tichanowski später unterwegs gewesen, hat ihn bei den Filmaufnahmen und Social-Media-Aktivitäten unterstützt, er hat seine Kanäle auf Telegram administriert und gehörte zu seinem Stab. Es war eine intensive Zeit, wir haben daran geglaubt, etwas im Land verändern zu können, eine große Hoffnung ist entstanden.«

Trotz einer hohen und ausreichenden Zahl von Unterschriften hatte Siarhej Tichanowski es leider nicht geschafft, dass seine Kandidatur registriert wurde. Die zentrale Wahlkommission verweigerte Tichanowski die Annahme seiner Unterlagen, denn zum Zeitpunkt der Registrierung stand er unter Arrest wegen seiner Teilnahme an Protestaktionen im Dezember 2019 gegen die belarussische Integration in eine Union mit Russland. Und so kam es, dass an seiner Stelle seine Frau, Swetlana Tichanowskaja, ihre Unterlagen für die Registrierung als Präsidentschaftskandidatin einreichte.

Am 29. Mai gab es in Grodno eine große Veranstaltung, um Unterschriften einzusammeln. Volha und Dimitrij waren dabei, allerdings getrennt, denn sie hatten verschiedene Aufgaben zu erfüllen.

Hunderte von Menschen kamen, um für Siarhej Tichanowski zu unterschreiben, die Schlange schien endlos. Dann passierte etwas Unvorstellbares, was die Geschicke des Landes gründlich veränderte. Volha zeigt mir eine Aufnahme der Geschehnisse auf ihrem Handy.

»Ich habe gesehen, wie es um Siarhej Tichanowski laut wurde, jemand schrie ihn an. Eine Frau stellte provokante Fragen, auf die er nicht antworten wollte, er hat die Situation sehr wohl begriffen, sie war als Provokation inszeniert. Das sagte er auch laut und entfernte sich von der Stelle, wo die Frau ihn übel beleidigte. Später stellte sich übrigens heraus, dass es eine Person war, die für ihren Auftritt bezahlt wurde.

Ein Polizist drängte sich in die Menschengruppe, plötzlich lag er auf dem Boden, krümmte sich, während sein Abzeichen, das er sich selbst abgerissen hatte, neben ihm lag. Nach diesem Vorfall erschienen mehrere OMON-Sondereinheiten, die Beamten nahmen Siarhej Tichanowski fest. Er wurde geschlagen und in einem Gefangenentransporter weggebracht. Später stellte sich heraus, dass sechs Gefangenentransporter in Nebenstraßen bereitstanden. Dimitrij hat an einem Tisch gesessen und dort die Unterschriften gesammelt. Die Polizisten kamen auch zu ihm und griffen ihn von hinten an. Doch Dima klammerte sich am Tisch fest, und so haben ihn sechs Männer samt Tisch, von dem die Unterlagen mit den Unterschriften flatterten, weggezogen.

Dimas Eltern mussten zuschauen, wie ihr Sohn abgeführt wurde. Es ging alles sehr schnell. Ich kam zu spät, rannte noch hinter den Polizisten her, aber Dima wurde schon in einen Transporter geschoben. Dimas Eltern haben sich auf die Straße vor den Bus gestellt und versucht, ihn aufzuhalten, aber das war unmöglich. Die

Fahrzeuge hatten Minsker Nummernschilder, also waren die Einheiten extra aus Minsk nach Grodno geschickt worden.

Eine junge Frau aus dem Stab von Tichanowski wurde ebenfalls direkt von ihrem Tisch verschleppt. Ein anderer Helfer wurde dazu verdonnert, zwei Wochen Quarantäne einzuhalten, weil er angeblich Kontakt zu einem an Covid-19 Erkrankten hatte. Das war nur ein Vorwand, um ihn für zwei Wochen von der Unterschriftensammlung fernzuhalten. Lukaschenko hatte behauptet, dass es bei uns keine Pandemie gibt – aber Quarantäne ist praktisch, wenn man Menschen vom öffentlichen Leben ausschließen will. Deshalb war die Pandemie plötzlich auch in Belarus aktuell.

Wir haben trotz allem genug Unterschriften gesammelt, es war wirklich keine große Kunst, so viele wollten gegen Lukaschenko stimmen. Ich konnte es nicht fassen, dass man einfach so Menschen verhaftet, ohne dass sie irgendetwas getan hatten. Ich wusste nicht, wann ich Dima wiedersehen würde. Ich wusste auch nicht, wo man ihn hingebracht hatte. Sofort nach diesen Geschehnissen sind Dimitrijs Eltern und ich zur Polizeiwache gegangen, um zu erfahren, wo er war. Später stellte sich heraus, dass er und die anderen Festgenommenen nach Minsk gebracht wurden. Erst einen Monat später habe ich erfahren können, dass er an dem Tag der Verhaftung noch schwer misshandelt und bis zur Bewusstlosigkeit zusammengeschlagen worden war.«

Nach der Freilassung von Dimitrij am 21. Oktober 2021 erfuhr Volha, dass der 29. Mai 2020, der Tag, an dem ihr Liebster brutal verschleppt wurde, einer der schönsten Tage in ihrem Leben werden sollte. Das hatte sich Dima vorgenommen. Stattdessen wurde es einer der traurigsten.

»Was noch denkwürdig ist, Aleksander Lukaschenko hat schon Stunden vor den Ereignissen in Grodno, bei einem Fabrikbesuch, die ganze Aktion der Verhaftung von Siarhej Tichanowski vorweggenommen. Ich zeige dir eine Aufnahme davon.«

Volha zeigt mir auf ihrem Handy eine Aufnahme der Rede von Lukaschenko in einem Saal voller Arbeiterinnen und Arbeiter in einem Betrieb. Er spricht tatsächlich von einem verprügelten Polizisten und der Verhaftung von Siarhej Tichanowski. Die Aufnahme war auf Instagram, und zwar vor der Aktion in Grodno. Es war also ein abgekartetes Spiel. Man wollte auch den Stab von Tichanowski schwächen, und deshalb wurde unter anderem Dimitrij Furmanow verhaftet.

»Zuerst haben wir gedacht, dass er 14 Tage im Arrest bleibt, aber nicht verurteilt wird. Drei Tage nach der Verhaftung wurden Dimas Eltern angerufen, und ihnen wurde gesagt, dass Dimitrij nach Paragraf 364, ›Gewalt gegen Staatsbeamte‹, zu einer Haftstrafe verurteilt worden war. Alle, die an diesem Tag verhaftet wurden, auch Siarhej Tichanowski, wurden nach diesem Paragrafen verurteilt. Dima war nicht mal in der Nähe, wo der Polizist den Angriff vorgetäuscht hat, er saß an einem Tisch und tat nichts Verbotenes.

Am 4. Juni hat mich die Polizei von meiner Arbeit abgeholt. Ich musste in ein Auto ohne Nummernschilder steigen, und man hat mich nach Hause gebracht, um dort eine Wohnungsdurchsuchung vorzunehmen. Ich war jedoch vorher gewarnt worden, weil die Wohnungen von allen Verhafteten durchsucht wurden. Am Morgen hatte ich bereits den Computer und mein Notebook weggeschafft. Aber an diesem Tag geschah noch etwas Merkwürdiges. Meine Freundin, als ob sie eine Ahnung gehabt hätte, kam kurz vor dem Auftauchen der Polizei in den Laden, wo ich arbeitete, und ich habe ihr noch schnell mein Handy zugesteckt.

Als ich abgeführt wurde, ist sie uns hinterhergefahren, um zu sehen, wohin ich gebracht werde. Die Polizisten haben mir dann lediglich das Diensthandy abgenommen. Auch das Geld, das sie zu Hause gefunden haben, haben sie beschlagnahmt und ein Bund Ersatzschlüssel mitgenommen. Bei dem Geld war ein Hundertdollarschein dabei, er sollte uns später zum Verhängnis werden. Das Haustürschloss mussten wir auswechseln.«

Danach machten alle weiter mit der Unterstützung von Swetlana Tichanowskaja, die anstelle ihres Mannes als Präsidentschaftskandidatin antrat. Volha nahm an Kundgebungen teil, spazierte durch die Stadt mit Transparenten, die für den Blog von Siarhej Tichanowski warben. Sie sang mit anderen Teilnehmenden der Aktionen das Lied »Die Mauern« des polnischen Barden Jacek Kaczmarski – ein Klassiker der Solidarność-Bewegung in den 1980er-Jahren in Polen, dessen belarussische Fassung zu den populärsten Protestsongs im Sommer 2020 gehörte. In den Monaten vor den Wahlen ging es darum, sich nicht den Wind aus den Segeln nehmen zu lassen. Die Menschen waren nach der Verhaftung der Hauptkandidaten Viktor Babariko und Siarhej Tichanowski und der erzwungenen Emigration von Walerij Zepkala desillusioniert, und die politischen Aktivistinnen und Aktivisten waren sich darin einig, die drei Frauen der Kandidaten zu unterstützen, an erster Stelle Swetlana Tichanowskaja.

»Man hat oft versucht, uns zu provozieren, aber wir waren darauf vorbereitet. Die staatlichen Organe suchten nach einer Möglichkeit, auch Swetlana Tichanowskaja von der Wahl zur Kandidatin auszuschließen. Deshalb achteten wir auf jede Kleinigkeit bei der Unterschriftensammlung. Mit Dimitrij hielt ich Kontakt durch Briefe und den Verteidiger. Allerdings unterlagen die Briefe der Zensur, und wenn den Zensoren etwas nicht passte, trennten sie einfach Teile der Briefe heraus oder schwärzten Passagen.

Sein erster Gerichtstermin war am 1. Juli. Angeblich hatten sie Dokumente bei der Durchsuchung der Wohnung von Tichanowski gefunden, die belegten, dass Dimitrij von Tichanowski mit Dollarnoten bezahlt worden war. Letztlich wurde Dimitrij beschuldigt, Aktionen organisiert und aktiv daran teilgenommen zu haben, die grob gegen die öffentliche Ordnung verstießen – nach Artikel 342 des Strafgesetzbuchs der Republik Belarus.«

Eine Woche nach der Verhaftung der beiden Männer wurde die Gartenlaube der Familie Tichanowski durchsucht. Zwei Polizeieinheiten fanden nichts, erst die dritte Gruppe von Polizisten entdeckte hinter dem Sofa 900 000 Dollar – an einer Stelle, die die anderen Polizisten schon ergebnislos abgesucht hatten. Angeblich waren auch Stempel, Rechnungen und ein Banknotenzähler in der Laube versteckt gewesen. Später, bei der Durchsuchung der Wohnung von Volhas Mutter, in der auch Volha und Dima lebten, fand die Polizei den besagten Hundertdollarschein, dessen Seriennummer zu den Banknoten passte, die in Tichanowskis Laube entdeckt worden waren. Der Dollarschein diente als Beweis dafür, dass Dimitrij Furmanow für den Präsidentschaftskandidaten bezahlte Dienste geleistet hatte. Seitdem hieß es, dass Furmanow im Fall Tichanowski verwickelt sei. Doch Volha ließ nicht locker, sie machte die Öffentlichkeit auf Dimitrij Furmanows unrechtmäßige Verhaftung auf verschiedene Weise aufmerksam.

»Olga, die Mutter von Dimitrij, und ich haben vor der Untersuchungshaftanstalt in Minsk, in der Dima die ersten Wochen einsaß, am 26. Juni einen Hungerstreik begonnen. Vor dem Eingang des Gebäudes standen Bänke, und auf diese Bänke haben wir uns gesetzt. Den Hungerstreik haben wir auf unseren Social-Media-Kanälen dokumentiert. Es kamen viele Menschen, um uns zu unterstützen. Sie brachten uns Wasser, Decken und Schlafsäcke. Dimas Mutter ist nachts nach Hause gegangen, ich blieb auf der Bank vor dem Gefängnis und habe dort geschlafen. Es war immer jemand da, tagsüber waren es mehr Menschen als in der Nacht, aber es gab insgesamt sehr viel Unterstützung. Unglaublich und sehr berührend war, wie selbstverständlich die Menschen gekommen sind und sich abgewechselt haben, damit wir nie allein waren.

Ich habe damals neue Freundinnen und Freunde gefunden, mit denen ich heute noch in Kontakt stehe. Manche brachten Tee und Kaffee. Ein Aktivist überließ mir seinen Camper, damit ich nachts geschützt war und bequemer schlafen konnte. Die Menschen, die uns unterstützten, haben mit uns direkt vor dem Eingang des Untersuchungsgefängnisses gesessen. Es war uns wichtig zu zeigen, dass wir nicht lockerließen, dass wir uns nicht vertreiben lassen würden.

Manche haben uns Wohnungsschlüssel mit Adressen gegeben, weil sie wussten, dass wir nicht aus Minsk waren und eventuell einen Platz zum Schlafen brauchten. Eine Wohnung hatte fünf Zimmer auf zwei Etagen! Solch ein Luxus ist uns angeboten worden, während wir auf der Straße saßen und hungerten.

Die Solidarität mit uns war sehr groß. Olga hat fünf Tage durchgehalten, dann hat sie sich so schlecht gefühlt, dass wir einen Notarzt riefen. Die Ärzte haben ihr verboten, weiter zu fasten. Ich habe noch weitere fünf Tage durchgehalten. Man hat versucht, uns zu stören, zum Beispiel sollten plötzlich die Bänke gestrichen werden, sodass sich dort niemand mehr setzen konnte. Der Maler, der die Bänke anstrich, machte das extra langsam. Es sollte ungemütlich werden für uns, aber der Plan ist nicht aufgegangen, denn die Leute brachten Stühle mit. Eines Tages kam die OMON-Polizei und hat einen jungen Mann verhaftet. Sein Name war Markiel. Wir wussten nicht, warum sie ausgerechnet ihn mitgenommen haben. Markiel war einfach nur ein Unterstützer.

Noch etwas haben die Behörden unternommen, um unsere Lage zu verschärfen. Einen Tag nach Beginn des Hungerstreiks haben sie Dimitrij in ein anderes Gefängnis verlegt, und zwar nach Schodino im Umland von Minsk. Sie dachten wohl, dass wir dann aufhören würden, vor der Haftanstalt zu fasten. Aber das Untersuchungsgefängnis lag zentral, mitten in Minsk, und wir bekamen Unterstützung von so vielen Menschen. Es ging uns um die Ausstrahlung unseres Protests, und deshalb sind wir geblieben.

Es kamen Polizisten zu uns und sagten: ›Ihr wisst doch, dass Furmanow verlegt wurde, also warum seid ihr noch hier?‹ Ich habe geantwortet: ›Wir haben alle Ämter angeschrieben, die Staatsanwaltschaft, die Behörden, dass wir hier fasten werden. Das ist ein öffentlicher Platz, wir dürfen hier sein.‹

Ich war sehr motiviert, etwas gegen die Ungerechtigkeit zu tun, auch wenn ich während des Hungerstreiks ab und zu schwächelte. Aber ich hätte auch noch länger fasten können.«

Auf Volhas Facebook-Seite sieht man auf einem Foto, wie sich die Mutter von Dimitrij und Volha, beide in Decken gewickelt, mit Swetlana Tichanowskaja unterhalten. Die Galionsfigur des Protests bekundete mehrmals ihre Solidarität mit den protestierenden Frauen. Der Hungerstreik diente nicht zuletzt auch der Unterstützung von Swetlana Tichanowskajas Mann Siarhej, der damals ebenfalls in Untersuchungshaft saß.

Volha und ich wechseln im Park den Platz, um ungestört weiterreden zu können. Denn in unserer unmittelbaren Nähe feiern Familien wenigstens einen Kindergeburtstag. Wir ergattern eine freie Bank in der Sonne direkt am Fluss. Es ist mein letzter Tag in Vilnius, und mit Volha führe ich auch das letzte Interview für mein Buch.

»Swetlana Tichanowskaja ist ein guter und kluger Mensch. Ich konnte sie ein wenig kennenlernen bei den Treffen während unseres Hungerstreiks. Am 9. August war ich dann in Grodno, um in meiner Heimatstadt, wo ich gemeldet war, für Swetlana Tichanowskaja zu stimmen. Unterwegs im Bus habe ich per Telegram eine Liste von Personen erhalten, die wegen ihrer Nähe zu Siarhej Tichanowski verhört werden sollten. Ich gehörte zu den Admins von Siarhejs Blogs. Sofort war mir klar, dass ich nicht nach Hause fahren konnte. Ich kannte einige Personen auf der Liste, die Angaben passten, also hielt ich die Warnung für echt. Ich bin deshalb zu einer Freundin gefahren.

Die Stunden vor der Wahl waren aufregend. Tausende kamen zu den Kundgebungen mit Swetlana Tichanowskaja, von sich aus, niemand hat sie dazu aufgerufen. Sie wollten alle, dass endlich eine ehrliche Wahl stattfand. Die Belarussinnen und Belarussen wollten den Machtwechsel. Ein Lied, ›Peremen‹ (Veränderungen), war der Hit dieser Tage. Die Kundgebungen waren legal, Swetlana Tichanowskaja hatte sie angemeldet und stets die Erlaubnis erhalten, öffentlich auftreten zu dürfen.

Als Lukaschenko merkte, wie viele Menschen sie unterstützten, begannen die Schikanen. Zum Beispiel wurde an einem der letzten

Tage vor der Wahl eine Kundgebung zuerst erlaubt und in letzter Minute verboten. Oder am Ort der Kundgebung entstand aus dem Nichts eine Baustelle. Insgesamt konnten vier oder fünf angemeldete Kundgebungen wegen solcher Behördentricks nicht stattfinden. Am Tag der Wahl habe ich meine Stimme abgegeben und anschließend Grodno verlassen, ich bin aufs Land gefahren. Erst später erfuhr ich aus Telefonaten, das Internet funktionierte nicht mehr, von dem furchtbaren Chaos in der Stadt, den Unruhen, Kämpfen und Verhaftungen. In Grodno wurde der Strom abgeschaltet. Menschen, die nach der Arbeit nach Hause gelangen wollten, wurden verhaftet. Ein Bekannter, der im Zentrum wohnt und mit dem Rad auf dem Heimweg war, wurde vom Fahrrad gestoßen und verprügelt. Sein Rad wurde zerstört. Es waren schreckliche, traumatische Erlebnisse für uns alle.«

Die Inhaftierten hatten keine Möglichkeit, ihre Stimme abzugeben. Dimitrij Furmanow wird mir später nach seiner Freilassung per Videocall erzählen:

»Ich war in Schodino inhaftiert. Niemand ist mit einer Wahlurne zu uns gekommen. Ich habe auch gehört, dass am Tag der Wahl in den Arbeitslagern besonders hart aufgepasst wurde. An 9. August wurde jede Zelle genauestens überwacht. Bei den Kontrollen an der Tür gab es eine zusätzliche Bewachung – Männer in schwarzer Kleidung und mit Sturmhauben. Ich vermute, dass man einer Meuterei vorbeugen wollte. Später war alles wieder wie gewöhnlich.«

Die Ereignisse im Sommer 2020 haben die beiden Liebenden getrennt. Während Volha mit dem Foto von Dimitrij auf einem T-Shirt gegen seine Verhaftung protestierte, einen Hungerstreik unternahm und auf diversen Social-Media-Kanälen »Freiheit für Furmanow«-Posts verbreitete, versuchte Dimitrij Furmanow sich an den Alltag im Gefängnis zu gewöhnen.

Volha kannte Dimitrijs Alltag zum Teil aus den Briefen, die sie von ihm aus der Haft erhielt. Sie selbst schrieb ihm fast täglich. Die Sehnsucht war unerträglich. Nicht alle Briefe kamen an. Zum Geburtstag schickte Volha ihm selbst gebackene Kekse mit verschiedenen Zeichen und Wörtern darauf. Ich darf das Foto sehen von den kleinen Kunstwerken, die präzise mit Liebessprüchen verziert sind. Auf einem Keks lese ich: »Von deinem wilden Rotschopf«, so hat Dima seine Liebste meist genannt. Dimitrij wird mir später erzählen, dass der Tag, an dem er die Kekse bekommen hat, einer der schönsten in seinem Leben war. Beim Öffnen des Päckchens habe er weinen müssen.

In Grodno wurden derweil alle Plätze abgeriegelt, um Versammlungen zu verhindern. Deshalb begannen die Menschen, Spaziergänge zu unternehmen. Volha erzählt:

»Einmal sind wir in Richtung psychiatrische Anstalt gelaufen und haben dabei laut gerufen: ›Nehmt Sascha!‹ (Kurzform von Alexander, gemeint war Lukaschenko). Ein gesunder Mensch tut nicht, was er macht, das ist doch unmöglich. Bei diesen Spaziergängen wurden immer Leute verhaftet, manchmal hat man es geschafft, rechtzeitig wegzulaufen, ein anderes Mal nicht. Am 13. September wurde ich gefasst. Es war eine größere Aktion mit viel Gewalt, aber ich hatte Glück, ich wurde nicht verprügelt. Es gibt ein Video von meiner Verhaftung, irgendein Polizist hat das gefilmt und ins Internet gestellt.«

Wie andere Frauen, die mir ihre Geschichte erzählt haben, was auch Volha nicht verängstigt, als sie zum Gefangenentransporter geschleppt wurde. Die Überzeugung, dass man im Recht war, dass es kein Vergehen gab, dessen man sich schämen musste, hat allen Kraft und Zuversicht gegeben.

»Nicht ich war schuldig, sondern der Staatsapparat. Zwei weitere junge Frauen standen mit mir in dem engen Raum des Awtosak, der speziell dafür gebaut ist, Menschen auf sehr unbequeme Weise zu transportieren. Aber wir sind ruhig geblieben, gelassen.

Der Bus brachte uns zum Revier, dort stellte sich heraus, dass an dem Abend 60 Demonstrierende festgenommen worden waren. Wir saßen in einem großen Saal. Einer nach dem anderen wurde ins Büro gerufen, dort wurde ein Video mit der Aussage aufgenommen, mit Name, Adresse, persönlichen Angaben.

Das Vernehmungsprotokoll habe ich nicht unterschrieben, weil ich mit den Anschuldigungen gegen mich nicht einverstanden war. Sechs Stunden habe ich dort gesessen, aber da ich zum ersten Mal festgenommen worden war, hat man mich gehen lassen. Danach bekam ich jedoch immer wieder Anrufe von der Polizei, die mich zu Gesprächen einlud.

Dimitrij wusste nicht, was draußen los war, ich konnte es ihm wegen der Zensur nicht berichten, also ließ ich es. Dimitrij wurde so plötzlich verhaftet, dass wir uns leider keine Codes für die Verständigung überlegen konnten, wie wir uns Dinge mitteilen, die durch die Zensur rutschen sollen. Wir haben uns nie überlegt, dass einer von uns länger im Gefängnis sein könnte. Erstaunlich war, dass später ein Brief von Dimitrij an mich in Vilnius angekommen ist. Er schrieb mir, dass er während seines Prozesses erfahren hat, dass auch ich, wäre ich in Belarus geblieben, verhaftet worden wäre. Während der Verhandlung sei mein Name sehr oft gefallen, meine Aktivitäten wurden benannt, also stand ich eindeutig unter Verdacht. Meine Ausreise war richtig. Im Nachhinein ist es für mich ein Rätsel, dass man mich den ganzen Sommer 2020 in Ruhe gelassen hat.«

Dimitrij Furmanow wurde nach Paragraf 342 (Organisation und Vorbereitung von Maßnahmen, die die öffentliche Ordnung grob verletzen, oder die aktive Teilnahme daran) für schuldig befunden. Er erhielt eine Haftstrafe von anderthalb Jahren und ein halbes Jahr Arbeitslager, zusammen zwei Jahre. Volha konnte es nicht fassen, es war ungewiss, ob sie sich je wiedersehen würden. Dimitrij wurde mit besonderer Härte behandelt. Er wurde immer wieder in andere Gefängnisse verlegt und oft in Isolationshaft gesteckt. Er erinnert sich in einem Videocall mit mir im Februar 2022, während er Volhas gemütliche Wohnung genießt, an die Erlebnisse in der Haft.

»Im Gefängnis ist es das Wichtigste, Mensch zu bleiben, sich unter allen Umständen würdevoll zu verhalten und nicht eine Art Superheld spielen zu wollen. Sei einfach du selbst und alles wird gut.

Schon in den ersten Tagen meiner Haft begann ich mit Gymnastik. Ich habe Übungen gemacht sowohl bei Hofgängen wie in der Zelle. Einzelhaft ist sehr schwierig, ich will gar nicht daran denken, dass womöglich jetzt wieder jemand dort sitzt. Ich habe viele Tage allein verbringen müssen, damit hat man mich zusätzlich bestraft. In der Einzelhaft vergeht die Zeit anders. Am Anfang schnell, weil es ein unbekannter Ort ist und man versucht zu verstehen, was man hier tun kann. Aber dann rattert es im Kopf, die Gedanken stürmen auf einen ein. Danach fängst du an, Pläne zu schmieden, Dinge zu entwerfen, um dich zu beschäftigen. Doch die Zeit vergeht langsamer mit jeder weiteren Stunde. Sie bleibt fast stehen. Die Ideen vergehen, und du fängst an, dich im Kopf im Kreis zu drehen, Pläne zu machen, die nirgendwo hinführen. Man kann dort wirklich verrückt werden. Es ist gut, Gedichte auswendig zu kennen, Lieder zu singen – wenn man sich an welche erinnern kann.

In einem bestimmten Moment, als die Gedanken begannen ins Leere zu laufen und sich diese schreckliche Leere im Kopf ausbreitete, wusste ich nicht mehr, was ich als Nächstes tun sollte. Aber ich habe einen Ausweg gefunden – ich habe einfach immer wieder meine körperlichen Übungen gemacht. Dann habe ich einen Genossen gefunden, eine Spinne in der Ecke, die ich füttern konnte. Plötzlich war ein Haustier da! Ich habe die Speisekarte an die Wand geschrieben. Es gab dort nichts Geeignetes zum Notieren, aber man kann trotzdem irgendwelche Buchstaben und Symbole auf die Wände kritzeln.«

»In Gefängnissen können Freunde zu Feinden werden. Manchmal, wenn die Wärter beobachten, dass sich zwischen den Gefangenen in einer Zelle freundschaftliche Beziehungen entwickeln, manipulieren sie die Situation so, dass zwischen ihnen Konflikte entstehen. Gott sei Dank hatte ich Glück, ich kam mit den anderen gut zurecht und sie mit mir.

Politische Gefangene bilden eine eigene soziale Gruppe. Wir haben versucht, uns gegenseitig in allem zu unterstützen, egal, wie schwer es war. Aber der Zellenalltag entlarvt vieles, es ist eine Charakterprobe.

Niemand sollte für schlechtes Benehmen während der Haft verurteilt werden. Ich hatte Glück, ich traf nur Leute, mit denen ich gut auskam. Ich war an verschiedenen Orten hinter Gittern, und am Anfang waren die Bedingungen erträglich. Einmal im Monat durfte man telefonieren. Politische Gefangene wurden immer in Handschellen geführt. Mit jeder Verlegung an einen neuen Ort wurde es schlimmer. Die letzte Etappe war Isolationshaft im Arbeitslager Nummer 3. Ich dachte allerdings, es könnte nicht schlimmer werden, die letzten zwei Tage an diesem Ort waren jedoch der reine Horror. Kälte und Einsamkeit – ich bin an meine Grenzen gekommen. Ich hatte kein Bettzeug bekommen und keine Jacke. Ich habe furchtbar gefroren. In der Nacht stand ich immer wieder auf und machte mehrere Hundert Kniebeugen oder Liegestütze, um die Kälte zu ertragen. Das hat mich für eine bestimmte Zeit aufgewärmt. Ich habe im Gefängnis sogar Muskeln aufgebaut. Aber für eine gute körperliche Verfassung braucht man auch eine gute Ernährung. In der Haft habe ich einen Brei bekommen, der lediglich verhindert hat, nicht vor Hunger zu sterben.

Ich konnte zwar das Radio vom Flur hören und so auch die Zeit erfahren, das Essen im Lager 3 war auch nicht so schlecht – man sagt, es sei von allen Lagern noch das beste. Aber wenn man schrecklich friert und sich deshalb ständig bewegt und Sport macht, sind die Rationen zu klein, die Kalorien reichen nicht. Ich hatte permanent Hunger. Außerdem müssen politische Häftlinge Schwerstarbeit verrichten. Nach alldem habe ich nun weniger Angst vor Kälte. Und ich konnte das System von innen kennenlernen: 50 Männer in einer Abteilung, 20 in einem Raum. Die Politischen schlafen neben der Tür und in den oberen Betten.«

Das Arbeitslager Nummer 3, in dem Dimitrij war, liegt in der Nähe von Witebsk im Nordosten von Belarus. Witebsk war mal ein Zentrum der europäischen Avantgarde in den 1920er-Jahren. Marc Chagall und Kasimir Malewitsch haben dort Spuren hinterlassen. Heute fährt man nach Witebsk, um das Marc-Chagall-Museum zu besuchen – oder, weil man in das Männer-Arbeitslager Nummer 3 gesteckt wird. Maksim Snak, der frühere Anwalt von Viktor Babariko und Mitglied des Koordinierungsrates, sitzt dort immer noch seine Strafe ab.

Der Frauenlager Nummer 4, in dem Maria Kalesnikava ist, befindet sich in der Nähe von Gomel, nahe der ukrainischen Grenze. Von dort haben am 24. Februar 2022 die russischen Truppen die Ukraine angegriffen und am Tag darauf das nahe gelegene Atomkraftwerk Tschernobyl besetzt.

Dimitrij Furmanow wurde am 21. Oktober 2021 freigelassen, zwei Wochen nach meinem Treffen mit Volha in Vilnius. Am Tag unseres Gesprächs wusste sie noch nichts von ihrem baldigen Glück, Dimitrij wieder in ihre Arme schließen zu können. Wenn sie es gewusst hätte, hätten ihre Augen gelächelt. Vor mir hat jedoch eine zutiefst betrübte Frau gesessen, die sich mit ihrer letzten Kraft am Leben hielt. Als Dimitrij freigelassen wurde, kam endlich etwas Hoffnung und Zuversicht in ihr Herz. Den Tag seiner Freilassung verbrachte Dimitrij mit seinen Eltern und bereits am nächsten Tag flog er nach Kiew, wo ebenfalls viele belarussische Migrantinnen und Migranten eine vorläufige Bleibe gefunden haben. Jetzt sind sie wieder auf der Flucht oder kämpfen mit den Ukrainerinnen und Ukrainern gegen Putins Armee.

»Ich habe mich auch nach der Entlassung nicht sicher gefühlt. Du bist zwar nicht mehr in der Zelle, aber wirklich frei bist du nicht. Es sollte doch so sein, dass man nach dem Strafvollzug tun und lassen darf, was man will. In meinem Fall sollte ich mich noch drei Tage lang polizeilich melden. Warum, wusste ich nicht. Was wollten sie noch von mir? Ich habe beschlossen, nichts zu riskieren und ins Exil zu gehen. Es ist furchtbar, dass man sich nur außerhalb von Belarus sicher fühlen kann. Ich wollte auch endlich Volha wiedersehen. Meine Sehnsucht nach ihr war riesig. Es gab außerdem etwas nachzuholen, was ich eigentlich für den Tag, an dem ich verhaftet wurde, geplant hatte.«

Am 30. Oktober 2021 landete die Maschine aus Kiew mit Dimitrij Furmanow an Bord auf dem Flughafen von Vilnius. Volha hat auf ihrer Facebook-Seite Fotos von der Ankunft Dimitrijs. Ein großer Moment, denn in der Zeit ihrer Trennung war nicht sicher, wann sie sich wiedersehen würden. Volha empfing Dimitrij nicht allein, eine Gruppe belarussischer Freundinnen und Freunde mit Plakaten und Luftballons wartete am Ausgang auf ihn. Volha trug ein Plakat mit der Aufschrift »Mein Held«. Als Dimitrij endlich erschien, wurde er von lautem Jubel begrüßt, und Volha fiel ihm um den Hals. Auf den Fotos sieht man, der junge Mann und »der wilde Rotschopf« wollen einander nicht mehr loslassen. Sie werden von Journalistinnen und Journalisten umringt, denn Dimitrij ist einer der Ersten, die nach einer längeren Haftstrafe freigekommen sind.

An Silvester 2021, auf einer Feier, fragt Dimitrij seine Volha, ob sie ihn heiraten will, natürlich sagt sie Ja, und dann streift er einen Ring über ihren Finger. Den Ring hat er schon länger, denn die Verlobung hat er eigentlich für den 29. Mai 2020 geplant, den Tag, an dem er verhaftet und bewusstlos geprügelt worden war. All das erzählen mir die Liebenden bei einem Videocall, während ich ihre Geschichte aufschreibe. Volha und Dima wohnen nun zusammen mit Murkas, beide arbeiten und bilden sich fort. Volha ist überglücklich, keine Briefe mehr ins Gefängnis schicken zu müssen, aber Dimitrij kann und will nicht über Zukunftspläne sprechen:

»Ich habe keine Pläne für die Zukunft. Für unsere Realität spielt das keine Rolle. Ich habe konkrete Ziele, die ich jetzt erreichen möchte.

Für mich geht es hauptsächlich darum, mich wieder in eine gute Verfassung zu bringen, psychisch wie physisch. Und dann sehe ich weiter.«

Als ich Dimitrij und Volha danach frage, geben beide zu, dass sie ohne Hoffnung auf positive Veränderungen nicht leben wollen.

Dimitrij meint zum Schluss:

»Am wichtigsten ist die innere Wandlung. Nur durch sie können wir weiterkommen. Und keiner kann sie uns nehmen.«

Dimitrij Furmanow ist frei. Siarhej Tichanowski wurde am 14. Dezember 2021 wegen »Vorbereitung und Organisation von Massenaufständen« zu 18 Jahren Arbeitslager unter verschärften Bedingungen verurteilt. Seine Frau Swetlana Tichanowskaja engagiert sich im litauischen Exil und vertritt würdevoll die belarussische Opposition in Europa. Die Hauptstadt der Ukraine, Kiew, in der Dimitrij Furmanov und andere belarussische Oppositionelle Zuflucht gefunden haben, wird von russischen Streitkräften beschossen. In Vilnius, Warschau und Berlin kommen jetzt Massen an neuen Geflüchteten an   aus der Ukraine. Sie bringen sogar ihre Katzen und Hunde mit.

»Katze Kiki zu Toby, dem Hund:
›Tröste dich, du empfindsames Herz! Du wirst deine Freuden und deine Freunde wiederbekommen.‹«

Colette, *Sieben Tierdialoge*, S. 81

»DIE WELT MUSS ERFAHREN, WAS IN DEN LAGERN VOR SICH GEHT UND WAS DIE PARTEI WIRKLICH PLANT.«

▶ Der sensationelle Insider-Bericht über chinesische Umerziehungslager und die brutale Unterdrückung muslimischer Minderheiten in Xinjiang

▶ Zeugenaussagen der mit dem Tod bedrohten Autorin vor dem EU-Parlament und in zahlreichen Medien

»Die wichtigste Zeitzeugin über die Straflager in China.«
Ulrich Delius, *Direktor der Gesellschaft für bedrohte Völker*

»Sayragul Sauytbay hat mutig Details über die Internierungslager berichtet und ermutigt unablässig andere Inhaftierte und ihre Familienangehörigen, sich zu melden und ihre Geschichte der Welt zu erzählen.«
Mike Pompeo, *ehemaliger Außenminister der USA*

SAYRAGUL SAUYTBAY
ALEXANDRA CAVELIUS

DIE
KRON
ZEUGIN

Eine Staatsbeamtin über
ihre Flucht aus der Hölle der Lager
und Chinas Griff nach
der Weltherrschaft

EUROPAVERLAG

ISBN 978-3-95890-330-2
360 Seiten, mit zahlreichen Fotos, gebunden mit Schutzumschlag

EUROPAVERLAG

CHINAS WEG AN DIE WELTSPITZE FÜHRT BUCHSTÄBLICH ÜBER LEICHEN.

► Erschütternde Zeugenberichte über das rigorose Vorgehen Chinas in Ostturkestan

► Was steckt hinter Folter, Vergewaltigung, Sklavenarbeit, Gehirnwäsche? Zu jedem Fallbeispiel gibt es Analysen über die geheime Strategie der KPCh

»Wenn wir diesen Zeugen nicht aufmerksam zuhören und unsere Demokratien nicht rasch gegen die aggressiven Strategien der KPCh wappnen, werden wir eines Tages im selben Albtraum wie alle diese unschuldigen Menschen aufwachen.«

Alexandra Cavelius

SAYRAGUL SAUYTBAY
ALEXANDRA CAVELIUS

DIE
KRON
ZEUGIN

Eine Staatsbeamtin über
ihre Flucht aus der Hölle der Lager
und Chinas Griff nach
der Weltherrschaft

EUROPAVERLAG

ISBN 978-3-95890-330-2
360 Seiten, mit zahlreichen Fotos, gebunden mit Schutzumschlag

EUROPAVERLAG

CHINAS WEG AN DIE WELTSPITZE FÜHRT BUCH-STÄBLICH ÜBER LEICHEN.

► Erschütternde Zeugenberichte über das rigorose Vorgehen Chinas in Ostturkestan

► Was steckt hinter Folter, Vergewaltigung, Sklavenarbeit, Gehirnwäsche? Zu jedem Fallbeispiel gibt es Analysen über die geheime Strategie der KPCh

»Wenn wir diesen Zeugen nicht aufmerksam zuhören und unsere Demokratien nicht rasch gegen die aggressiven Strategien der KPCh wappnen, werden wir eines Tages im selben Albtraum wie alle diese unschuldigen Menschen aufwachen.«

Alexandra Cavelius

ISBN 978-3-95890-430-9
416 Seiten, gebunden mit Schutzumschlag

EUROPAVERLAG